하나님과 동행하는 삶

하나님과 동행하는 삶

1쇄 발행 2020년 8월 31일
3쇄 발행 2024년 6월 12일

지은이 김은호
기획 책임 박상모 정기성 금경연 김윤섭
펴낸이 김은호
펴낸곳 도서출판 꿈미
등 록 제2014-000035
주 소 서울시 강동구 양재대로85길 39, 2층 2호
전 화 02-6413-4896 **팩스** 02-470-1397
이메일 book@coommimall.com
쇼핑몰 www.coommimall.com
인스타그램 @coommi_books

ISBN 979-11-90862-02-8 03230

하나님과 동행하는 삶

김은호 지음

30년 전 교회를 개척하고 건강한 교회, 행복한 교회를 지향하면서 하나님의 인도하심으로 여기까지 달려왔습니다. 돌이켜 보면 참으로 꿈만 같은 시간이었습니다. 개척 초기부터 지금까지 교회는 하나님의 전적 은혜로 놀라운 성장을 거듭해 왔습니다. 사역은 확장되고 더욱 다양해졌습니다. 이러한 사역의 건강성을 유지해 주는 기본 뼈대는 일대일 제자양육 사역입니다. 일대일 제자양육 사역은 개척 초기부터 지금까지 한 번도 중단된 적이 없습니다. 제자양육이 성도와 성도 사이에서 하나님의 비전과 마음을 나누는 가교 역할을 했기 때문입니다.

지난 30년간 교회가 감당해 온 일대일 사역 경험은 참으로 소중한 것이었습니다. 교재만큼이나 교회의 사역 철학, 양육자의 성품과 역량 또한 중요했습니다. 따라서 매 순간 하나님께 하듯 최선을 다해 섬겨 왔습니다. 그러던 중 일대일 제자양육 교재를 시대의 요구에 맞추어 새롭게 구성해야 할 필요성을 느꼈습니다. 그래서 지난 30년간 현장에서 쌓은 경험과 성도들을 향해 강단에서 선포해 온 말씀의 강조점을 이 책에 함께 녹여 냈습니다.

'건강한 교회, 행복한 교회를 세워 가는 일대일 제자양육 교재'는 성도 한 사람 한 사람이 하나님과 동행하는 삶을 살아가도록 돕는 데 그 목적이 있습니다. 이 교재는 크게 복음과 성장, 비전이라는 세 파트로 구성되어 있습니다. 첫 번째 파트인 '복음'에서는 기독교 세계관의 뼈대를 형성하는 창조와 타락, 구원, 구원의 확신을 다룹니다. 두 번째 파트인 '성장'에서는 구원받은 하나님의 사람이 그분과 동행하는 데 필요한 말씀과 기도, 예배, 성령 충만, 전도, 영적 전쟁, 고난을 주제로 다룹니다. 마지막으로 세 번째 파트인 '비전'에서는 성도의 구원과 성장을 거시적인 관점으로 이해할 수 있는 비전과 교회, 사랑, 하나님 나라를 다룹니다.

"또 네가 많은 증인 앞에서 내게 들은 바를 충성된 사람들에게 부탁하라 그들이 또 다른 사람들을 가르칠 수 있으리라"(딤후 2:2).

새롭게 출간된 이 교재를 통해 하나님의 사람들이 하나님의 꿈과 비전을 또 다른 사람들에게 계속 가르치고 전파하기를 소망합니다. 또한 일대일 제자양육 사역을 통해 이 땅의 많은 성도가 하나님의 꿈을 품길 기대합니다. 마지막으로, 하나님과 동행하는 성도들과 교회를 통해 주님 오실 날이 앞당겨지기를 소원합니다.

김은호 목사

Part 1  은혜에 굳게 서라

Part 2 지친 날들의 은혜

Part 3 꿈만 같습니다

교재 활용법

운영 시간

일대일 제자양육은 각 과당 2시간 정도의 시간을 할애하는 것이 좋으나 성령의 인도하심을 따라 조정할 수 있습니다. 시간이 너무 유동적이면 동반자에게 부담이 될 수 있으니 양육자와 동반자가 합의해서 시간을 정하도록 합니다.

각 과의 진행 순서

[찬양] 스마트폰 등의 기기로 QR코드를 인식하여 정해진 찬양을 함께 부르거나 각 과의 주제와 연관된 찬송 중 한 곡을 선택해서 함께 부릅니다.

[시작 기도] 만남과 모임을 위해 합심하여 기도하고, 양육자가 마무리 기도를 합니다.

[서론] 각 과의 해당 주제에 대한 서론을 함께 읽습니다. 전반부는 지난주에 나누었던 주제에 대한 리뷰를 다루고, 후반부는 이번 주에 나누게 될 주제에 대한 프리뷰를 다룹니다.

[지난 여정 나누기] 한 주간 누린 은혜나 간단한 안부를 함께 나누며 서로의 마음 문을 여는 시간입니다. 먼저 지난 주제와 관련된 삶의 경험이나 적용을 나누고, 그다음으로 이번 주제에 관련된 서로의 생각이나 경험을 나눕니다.

[과제 점검하기]

1) 성경 암송 : 매주 두 개의 성경 구절을 암송하고, 함께 점검하며 받은 은혜를 나눕니다.

2) 큐티 나눔 : 「주만나」 큐티를 매일 하도록 독려하고, 각자가 큐티를 통해 받은 은혜를 나눕니다.

3) 성경 통독 : 매일 정해진 분량의 성경을 읽으며 받은 은혜를 나눕니다.

4) 생활 숙제 : 지난 주제를 정리하며 한 주간의 삶에 대해 나눕니다.

말씀 산책 각 과의 주제에 해당하는 설교를 듣습니다. QR코드를 인식하여 컴퓨터나 스마트폰으로 설교를 들으면 해당 주제를 좀 더 잘 이해할 수 있습니다. 묵상 질문을 통해 설교 내용을 정리하며 받은 은혜를 함께 나눕니다.

과별 성경 공부 과별로 크게 3-4개의 주제를 다루며, 각 주제는 3-4개의 질문으로 구성되어 있습니다. 큰 주제의 흐름을 파악하여 질문 속 성경 본문을 잘 이해하는 것이 중요합니다. 때로는 『쉬운 성경』이나 『메시지 성경』 등을 참고하는 것도 유익합니다.

양육자는 3-4개의 주제와 주제마다 등장하는 3-4개의 질문 방향을 이해하고 상황에 따라 인도하는 지혜가 필요합니다.

새로운 여정을 향하여 양육자는 해당 과에서 함께 공부한 내용을 간단히 요약하고 정리해 줄 필요가 있습니다. 그 후, 질문을 통해서 느낀 점과 새롭게 발견한 점, 구체적으로 결단한 점을 함께 정리하고 나누도록 합니다.

마무리 기도 무지했던 부분과 돌이켜야 할 부분에 대해 회개 기도를 드리고, 새롭게 깨닫게 된 은혜에 감사하는 기도를 드립니다. 적용하고 결단한 내용을 잘 실천할 수 있도록 간구하면서 한 주간 하나님과 동행하는 삶을 살도록 구합니다. 함께 기도한 후 마무리 기도는 동반자가 하도록 권면합니다.

과제 준비하기 다음 주에 만날 때 준비해야 할 과제(성경 암송, 큐티 나눔, 성경 통독)를 함께 나눕니다. 상황에 따라 서로에게 필요한 특별 과제를 정해 함께 수행하도록 할 수도 있습니다.

모임 장소

양육자와 동반자가 미리 정해서 서로의 가정을 개방하거나 교회에서 모일 수 있습니다. 중요한 것은 모임에 방해받지 않도록 조용한 장소를 정하는 것입니다. 사람이 많은 카페나 오픈된 교회 공간은 피하는 것이 좋습니다.

Quiet Time Start

1 큐티의 정의

큐티(QT, Quiet Time)란 _____과 _____를 정해 _____ 하나님을 _____으로 만나는 시간이며, 말씀을 통해 나를 향한 _____을 듣고 _____하며 삶에 _____함으로써 _____와 _____을 이루고 자 하는 경건 훈련입니다.

2 큐티의 유래

1882년 영국 케임브리지 대학교에서 후퍼(Hooper)와 도르톤(Thorton), 스터 드(C. T. Studd) 등 학생 일곱 명이 경건 훈련 운동을 시작했습니다. 이 운동 은 많은 그리스도인의 영성과 실제 생활이 아직도 세상의 시류에 휩쓸려 있다는 문제의식에서 시작되었습니다. "경건의 시간(Quiet Time)을 기억하 자!" 그들은 이렇게 외치며 이른 아침 시간을 최소한 20분, 가능하면 1시 간씩 기도와 성경 연구를 위해 따로 떼어 놓았습니다. 이후 이 청년들은 모 두 중국 선교사로 헌신했고, 평생 하나님과 동행했습니다. 또한 큐티는 세 계 각국의 교회와 선교지에 전파되어 영적 열매를 맺는 놀라운 도구로 자 리매김했습니다.

3 큐티의 이해

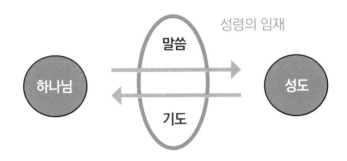

큐티는 _____의 임재 안에서 하나님과 _____하는 것입니다.

큐티의 두 기둥은 _____과 _____입니다.

4 왜 큐티를 해야 합니까?

하나님은 큐티를 통해 개인의 삶을 _____하시며,
일상생활에서 생기는 문제들을 믿음으로 _____하게 하십니다.
큐티를 통해 우리는 하나님의 _____을 닮아 갑니다.
또한 내면의 _____와 _____을 경험합니다.
큐티는 매일 먹는 _____입니다.

5 큐티는 무엇을 줍니까?

1) _____

이삭과 여호수아, 다윗, 바울 등 성경에 나오는 믿음의 선진들은 묵상으로 하나님과 깊은 교제를 나누었습니다. 그들은 묵상으로 영적 성숙을 이루었고, 하나님이 주시는 놀라운 위로와 힘을 공급받았습니다. 말씀 묵상은 삶의 위기와 고난을 이기는 에너지원입니다.

2) _____

깊이 있는 묵상은 삶에 확신을 줍니다. 삶은 피할 수 없는 선택의 연속이지만, 많은 사람이 자신이 내리는 선택이 과연 옳은 것인지 확신하지 못합니다. 그러나 하나님의 말씀을 묵상하며 선택하고 결단하면, 더는 의심하거나 고민하지 않아도 됩니다. 나보다 나를 더 잘 아시는 하나님이 기뻐하시는 선택을 할 것이기 때문입니다.

3) _____

큐티는 자신을 돌아보게 합니다. 말씀으로 철저하게 자신을 비춰 보면 하나님이 기뻐하시는 뜻을 발견하게 됩니다. 삶을 말씀 앞에서 비추어 보면 참된 자아상을 회복합니다. 이를 계속해서 훈련할 때 내면도 성숙해집니다.

4) _____

큐티하면 내면 깊은 곳에서 영적 에너지가 생겨납니다. 섬기는 은사가 없다고 생각하던 사람이 다른 사람을 섬기게 됩니다. 이해하지 못했던 영역을 이해하고, 용서하지 못했던 사람을 용서하게 됩니다. 큐티를 통해 관념적인 믿음이 삶에서 실제적인 열매를 맺게 됩니다.

5) _____

큐티는 반석 위에 집을 세우기 위한 주추 작업입니다. 매일 말씀을 묵상하는 습관을 가지면, 어떤 위기가 찾아와도 무너지지 않는 믿음의 사람이 됩니다.

「주만나」와 함께하는 쉬운

1. 큐티 장소와 시간 정하기

조용한 장소와 정기적인 시간을 정합니다.

2. 찬양과 기도하기

찬양 : 찬양을 부르며 하나님께 마음을 집중합니다.
기도 : 하나님의 말씀을 받을 마음의 준비를 합니다.

3. 말씀 읽기

1st 읽기: 본문 말씀을 스케치합니다(줄거리와 주제 파악).
     1) 등장인물과 주요 소재 – 본문 소개, 설명
     2) 사건
     3) 반응 및 결과
     4) 단어 해설 참조

2nd 읽기: 스케치한 본문에 색을 칠합니다(은혜의 포인트 찾기).
     1) 마음에 와 닿는 말씀
     2) 깨달아지는 말씀
     3) 의문이 드는 말씀
     4) 감정에 반응하게 하는 말씀

3rd 읽기: 색칠한 본문을 덧칠합니다.
     은혜의 포인트 중심으로 읽기

4. 묵상

다음 세 가지 방향으로 은혜의 포인트에 접근하기

1) 하나님의 입장

"하나님은 어떤 마음이셨을까?"
"하나님은 왜 그렇게 하셨을까?"

2) 등장인물의 입장

"그 사람의 마음은 어땠을까?"
"그 사람은 왜 그렇게 행동했을까?"

3) 나의 입장

"나에게 왜 이 말씀을 주셨을까?"
"하나님은 무엇을 말씀하고 싶으실까?"
"오늘 성경 본문에서 말씀하시는 하나님의 성품과 섭리, 비밀은 무엇인가?"

5. 적용: 액션 플랜 만들기

여러 묵상 포인트

One-Point 액션 플랜

적용의 4P 원칙

1. 개인적 (Personal)
2. 실제적 (Practical)
3. 실천 가능한 (Possible)
4. 점진적 (Progressive)

적용의 실제적 지침

1. 적용은 반드시 **오늘** 할 수 있어야 한다.
2. 적용은 반드시 **실천할** 수 있어야 한다.
3. 적용은 반드시 **구체적**이어야 한다.
   (When, Where, What, Who, How)
4. 적용에 무리한 **욕심**을 내면 안 된다.

여호와가 다시 솔로몬에게 나타나시다

1 1st 읽기

- 등장인물

- 주요 소재

- 이벤트(사건)

- 반응 및 결과

2 2nd 읽기

- 은혜의 포인트 (1)

- 은혜의 포인트 (2)

3 묵상 : 은혜의 포인트 (1)

1) 하나님의 입장

2) 등장인물의 입장

3) 나의 입장

4 묵상 : 은혜의 포인트 (2)

1) 하나님의 입장

2) 등장인물의 입장

3) 나의 입장

5 원데이 액션 플랜 짜기

1.

2 .

과제 준비하기

성경 암송 ☐

창 1:27 _ 하나님이 자기 형상 곧 하나님의 형상대로 사람을 창조하시되 남자와 여자를 창조하시고

사 43:21 _ 이 백성은 내가 나를 위하여 지었나니 나를 찬송하게 하려 함이니라

큐티 나눔 ☐   **성경 통독** ☐

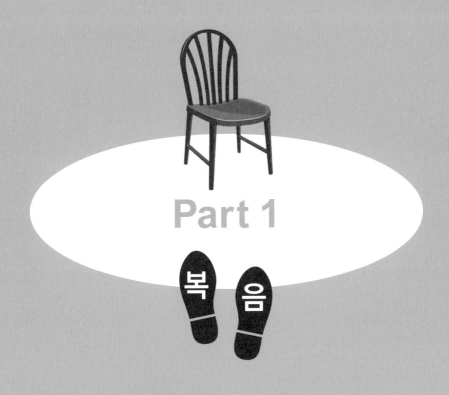

Part 1

복음

은혜에 굳게 서라

창조 | 타락 | 구원 | 구원의 확신

memo

"보시기에 좋았더라"

이 세상을 향한 하나님의 마음이 이 한마디에 담겨 있다.
그분이 보시기에 좋은 세상과 인생은 과연 어떤 모습일까?

첫 번째 동행 **창조**

🎵 은혜의 찬양 348장 | 창조의 아버지

우리 주변에 우연히 존재하는 것은 없습니다. 주위를 둘러보십시오. 아무 쓸모없이, 목적 없이 존재하는 것이 있습니까? 아마 없을 것입니다. 모든 것에는 저마다 기능과 목적이 있습니다. 누군가가 이를 만들었다는 의미입니다.

하나님은 자신의 영광과 기쁨을 위해 세상을 창조하셨습니다. 그리고 창조하신 세상을 바라보시며, "보시기에 심히 좋았더라"(창 1:31)라고 말씀하셨습니다. 이 세상 모든 것은 하나님의 계획과 목적 아래 존재합니다. 그러므로 이를 바로 아는 일이 대단히 중요합니다.

 **지난 여정 나누기**

1. 지금까지 살아오면서 가장 기억에 남는 아름다운 자연 풍경이 있다면 나
누어 봅시다.

2. 내 인생에서 가장 의미 있는 경험이 무엇이었는지 나누어 봅시다.

 과제 점검하기

성경 암송 □

창 1:27 _ 하나님이 자기 형상 곧 하나님의 형상대로 사람을 창조하시되 남자
와 여자를 창조하시고

사 43:21 _ 이 백성은 내가 나를 위하여 지었나니 나를 찬송하게 하려 함이
니라

큐티 나눔 □   성경 통독 □

하나님의 형상을 회복하라

창세기 1:26-28

26 하나님이 이르시되 우리의 형상을 따라 우리의 모양대로 우리가 사람을 만들고 그들로 바다의 물고기와 하늘의 새와 가축과 온 땅과 땅에 기는 모든 것을 다스리게 하자 하시고 27 하나님이 자기 형상 곧 하나님의 형상대로 사람을 창조하시되 남자와 여자를 창조하시고 28 하나님이 그들에게 복을 주시며 하나님이 그들에게 이르시되 생육하고 번성하여 땅에 충만하라, 땅을 정복하라, 바다의 물고기와 하늘의 새와 땅에 움직이는 모든 생물을 다스리라 하시니라

창세기 2:7

7 여호와 하나님이 땅의 흙으로 사람을 지으시고 생기를 그 코에 불어넣으시니 사람이 생령이 되니라

 묵상 질문

1. 하나님은 인간을 다른 피조물과 다르게 창조하셨습니다. 하나님은 인간을 어떻게 지으셨습니까? (1:26a절)

2. 인간이 범죄하고 타락해서 잃어버린 하나님의 형상은 무엇입니까?

　1) 창 2:17

　2) 롬 3:10-18

　3) 창 1:28b

3. 우리는 어떻게 하나님의 형상을 회복할 수 있습니까?

　1) 요 4:24

　2) 막 3:14-15

　3) 창 1:28b

1 하나님의 창조

하나님의 창조 이야기는 세상이 어떻게 존재하게 되었는지, 그리고 그 존재의 이유와 목적이 무엇인지 알려 줍니다. 이것은 인간이라는 존재가 무엇인지, 그리고 인간으로서 이 세상에서 살아가야 할 이유 또한 무엇인지 명확하게 드러냅니다. 그래서 하나님의 창조를 온전히 이해하는 일은 대단히 중요합니다.

1) 성경은 하나님이 세상을 창조하신 이야기로 시작합니다. 하나님의 창
   조 방식과 순서는 '형성'과 '채움'의 관계로 이해할 수 있습니다. 그 순
   서와 방식을 찾아봅시다(참고. 창 1장).

   (1) 형성

   　　1일(창 1:1-5):

   　　2일(창 1:6-8):

   　　3일(창 1:9-13):

   (2) 채움

   　　4일(창 1:14-19):

   　　5일(창 1:20-23):

   　　6일(창 1:24-31):

1일　　　　　2일　　　　　3일

형성　빛, 물과 하늘, 땅과 채소

4일　　　　　5일　　　　　6일

채움　발광체, 물과 하늘의 동물들, 육지 동물들과 인간

2) 하나님은 이 모든 만물을 어떻게 창조하셨습니까? (창 1:1-3, 26; 요 1:1-3)

창 1:1-3, 26 _ 1 태초에 하나님이 천지를 창조하시니라 2 땅이 혼돈하고 공허하며 흑암이 깊음 위에 있고 하나님의 영은 수면 위에 운행하시니라 3 하나님이 이르시 되 빛이 있으라 하시니 빛이 있었고 26 하나님이 이르시되 우리의 형상을 따라 우 리의 모양대로 우리가 사람을 만들고 그들로 바다의 물고기와 하늘의 새와 가축과 온 땅과 땅에 기는 모든 것을 다스리게 하자 하시고

요 1:1-3 _ 1 태초에 말씀이 계시니라 이 말씀이 하나님과 함께 계셨으니 이 말씀은 곧 하나님이시니라 2 그가 태초에 하나님과 함께 계셨고 3 만물이 그로 말미암아 지은 바 되었으니 지은 것이 하나도 그가 없이는 된 것이 없느니라

창조의 목적

3) 성경이 말씀하는 하나님의 창조 사역은 그 순서와 방식만을 알려 주는 것이 아닙니다. 성경은 세상을 창조한 하나님의 목적도 분명하게 말씀합 니다. 창조를 마친 후 하나님이 보이신 반응을 통해 알 수 있는 하나님의 창조 목적은 무엇입니까? (창 1:31a; 신 26:19; 사 43:21)

창 1:31a _ 하나님이 지으신 그 모든 것을 보시니 보시기에 심히 좋았더라

신 26:19 _ 그런즉 여호와께서 너를 그 지으신 모든 민족 위에 뛰어나게 하사 찬송과 명예와 영광을 삼으시고 그가 말씀하신 대로 너를 네 하나님 여호와의 성민이되게 하시리라

사 43:21 _ 이 백성은 내가 나를 위하여 지었나니 나를 찬송하게 하려 함이니라

2 창조는 하나님의 선포

하나님을 믿지 않는 사람들은 세상이 진화를 통해 존재하게 되었다고 말합니다. 그들은 진화론이 더 과학적이고 합리적이라고 생각합니다. 그리고 창조론을 믿는 사람들에게 이렇게 말합니다. "하나님이 정말로 세상을 창조했다면 하나님의 존재와 세상의 창조를 증명해 보라." 그들의 주장대로 하나님의 창조를 증명할 수 있을까요? 성경은 이에 대해 어떻게 말씀하는지 살펴봅시다.

증명이 아니라 선포다

1) 창세기 1장에서 하나님의 창조를 증거하는 방식은 무엇입니까? '증명'하는 방식을 취하고 있습니까, '선포'하는 방식을 취하고 있습니까? (창 1:1; 사 42:5, 45:7)

_____

_____

_____

창 1:1 _ 태초에 하나님이 천지를 창조하시니라

사 42:5 _ 하늘을 창조하여 펴시고 땅과 그 소산을 내시며 땅 위의 백성에게 호흡을 주시며 땅에 행하는 자에게 영을 주시는 하나님 여호와께서 이같이 말씀하시되

사 45:7 _ 나는 빛도 짓고 어둠도 창조하며 나는 평안도 짓고 환난도 창조하나니 나는 여호와라 이 모든 일들을 행하는 자니라 하였노라

<u>왜 증명이 아닌 선포인가?</u>

2) 성경은 하나님의 존재와 창조를 증명하지 않고 선포합니다. 성경이 하나님의 창조를 증명하지 않은 이유는 무엇일까요? (욥 11:7; 전 3:11)

욥 11:7 _ 네가 하나님의 오묘함을 어찌 능히 측량하며 전능자를 어찌 능히 완전히 알겠느냐

전 3:11 _ 하나님이 모든 것을 지으시되 때를 따라 아름답게 하셨고 또 사람들에게는 영원을 사모하는 마음을 주셨느니라 그러나 하나님이 하시는 일의 시종을 사람으로 측량할 수 없게 하셨도다

별들로 가득한 밤하늘을 볼 때면 나는 하나님의 얼굴을 보고 있다고 느낀다. 지구를 내려다보면 무신론자가 될 수도 있다고 생각하지만, 하늘을 올려다보며 하나님이 없다고 말하는 건 도무지 상상할 수 없다. _에이브러햄 링컨

성경은 특별히 인간의 창조를 상세하게 기록합니다. 그 이유는 인간이 특별하기 때문입니다. 하나님은 인간을 자신의 형상대로 지으셨습니(창 1:26). 이 말씀에는 어떤 의미가 있는지 살펴봅시다. 다음 상자 안에서 괄호 안에 들어갈 적절한 내용을 찾아서 써 넣어 보세요.

> 멋진 소중한 파괴하는 대등한 다스리는 관계적 위에 있는 아래 있는

소중한 존재

1) 가장 (   ) 존재로 만드심 (참고. 창 1장; 사 45:18; 습 3:17)

사 45:18 _ 대저 여호와께서 이같이 말씀하시되 하늘을 창조하신 이 그는 하나님이시니 그가 땅을 지으시고 그것을 만드셨으며 그것을 견고하게 하시되 혼돈하게 창조하지 아니하시고 사람이 거주하게 그것을 지으셨으니 나는 여호와라 나 외에 다른 이가 없느니라

습 3:17 _ 너의 하나님 여호와가 너의 가운데에 계시니 그는 구원을 베푸실 전능자이시라 그가 너로 말미암아 기쁨을 이기지 못하시며 너를 잠잠히 사랑하시며 너로 말미암아 즐거이 부르며 기뻐하시리라 하리라

관계적 존재

2) (   ) 존재로 만드심 (창 2:7, 18; 시 8:4)

창 2:7, 18 _ 7 여호와 하나님이 땅의 흙으로 사람을 지으시고 생기를 그 코에 불어 넣으시니 사람이 생령이 되니라 18 여호와 하나님이 이르시되 사람이 혼자 사는 것이 좋지 아니하니 내가 그를 위하여 돕는 배필을 지으리라 하시니라

시 8:4 _ 사람이 무엇이기에 주께서 그를 생각하시며 인자가 무엇이기에 주께서 그를 돌보시나이까

세상을 다스리는 존재

3) 세상을 (   ) 존재로 만드심 (창 1:28, 2:19; 벧전 2:9)

창 1:28 _ 하나님이 그들에게 복을 주시며 하나님이 그들에게 이르시되 생육하고 번성하여 땅에 충만하라, 땅을 정복하라, 바다의 물고기와 하늘의 새와 땅에 움직이는 모든 생물을 다스리라 하시니라

창 2:19 _ 여호와 하나님이 흙으로 각종 들짐승과 공중의 각종 새를 지으시고 아담이 무엇이라고 부르나 보시려고 그것들을 그에게로 이끌어 가시니 아담이 각 생물을 부르는 것이 곧 그 이름이 되었더라

벧전 2:9 _ 그러나 너희는 택하신 족속이요 왕 같은 제사장들이요 거룩한 나라요 그의 소유가 된 백성이니 이는 너희를 어두운 데서 불러 내어 그의 기이한 빛에 들어가게 하신 이의 아름다운 덕을 선포하게 하려 하심이라

하나님의 다스림 아래 있는 존재

4) 하나님의 다스림 (   ) 존재로 만드심 (창 2:7, 16-17)

창 2:7, 16-17 _ 7 여호와 하나님이 땅의 흙으로 사람을 지으시고 생기를 그 코에 불어넣으시니 사람이 생령이 되니라 16 여호와 하나님이 그 사람에게 명하여 이르시되 동산 각종 나무의 열매는 네가 임의로 먹되 17 선악을 알게 하는 나무의 열매는 먹지 말라 네가 먹는 날에는 반드시 죽으리라 하시니라

1. 하나님의 창조에 대해 새롭게 알게 된 내용을 나누어 봅시다.

2. 우리는 성경 말씀에서 하나님의 형상대로 지음받은 인간의 특별함과 목적을 알게 되었습니다. 그리고 하나님 형상으로서 인간의 네 가지 존재성(가장 소중한 존재, 관계적 존재, 세상을 다스리는 존재, 하나님의 다스림 아래 있는 존재)을 배웠습니다. 이 중에서 어떤 것이 나에게 가장 의미 있게 다가왔습니까?

3. 우리 삶의 각 영역(가정, 교회, 일터 등)에서 하나님의 형상을 회복할 방법이 있다면 서로 나누어 봅시다.

과제 준비하기

성경 암송 ☐

창 2:17 _ 선악을 알게 하는 나무의 열매는 먹지 말라 네가 먹는 날에는 반드시 죽으리라 하시니라

롬 5:12 _ 그러므로 한 사람으로 말미암아 죄가 세상에 들어오고 죄로 말미암아 사망이 들어왔나니 이와 같이 모든 사람이 죄를 지었으므로 사망이 모든 사람에게 이르렀느니라

큐티 나눔 ☐   **성경 통독** ☐

memo

"네가 어디 있느냐?"

죄악으로 말미암아 우리 안에 있던 하나님의 형상이 망가졌다.
그리하여 인간은 길을 잃고 자리를 이탈했다.

두 번째 동행 **타락**

🎵 은혜의 찬양 121장 | 나를 지으신 주님

창조주 하나님은 말씀으로 온 세상을 창조하셨습니다. 하나님이 말씀으로 창조하신 이 세상은 그야말로 완전했습니다. 하나님은 창조의 정점에서 인간을 만드셨습니다. 인간은 다른 피조물과 달리 하나님의 형상대로 지음받았습니다. 하나님은 인간과 언약 안에서 사랑의 관계를 맺으시고, 세상을 다스리고 통치하도록 인간을 하나님의 대리자로 세우셨습니다.

하지만 인간은 하나님께 죄를 범했고, 이 땅에서 대리 통치자로서의 권한을 저버렸습니다. 하나님이 금하신 선악을 알게 하는 나무 열매를 먹었기 때문입니다(창 2:17). 인간은 하나님의 명령을 거부했고, 그로 인해 하나님과의 관계가 단절되었습니다. 인류는 그때부터 타락하기 시작했습니다. 그래서 아담이 범죄한 이후 온 인류는 죄의 영향력 아래에 놓였습니다.

1. 자녀는 부모를 닮기 마련입니다. 내 안에는 하나님을 닮은 어떤 모습(성품, 형상)이 있는지 나누어 봅시다.

2. 실수나 잘못으로 누군가에게 상처를 주거나 관계가 깨진 경험이 있으면 나누어 봅시다.

과제 점검하기

성경 암송 ☐

창 2:17 _ 선악을 알게 하는 나무의 열매는 먹지 말라 네가 먹는 날에는 반드시 죽으리라 하시니라

롬 5:12 _ 그러므로 한 사람으로 말미암아 죄가 세상에 들어오고 죄로 말미암아 사망이 들어왔나니 이와 같이 모든 사람이 죄를 지었으므로 사망이 모든 사람에게 이르렀느니라

큐티 나눔 ☐   성경 통독 ☐

 **말씀 산책**

네가 어디 있느냐?

창세기 3:7-10

7 이에 그들의 눈이 밝아져 자기들이 벗은 줄을 알고 무화과나무 잎을 엮어 치마로 삼았더라 8 그들이 그 날 바람이 불 때 동산에 거니시는 여호와 하나님의 소리를 듣고 아담과 그의 아내가 여호와 하나님의 낯을 피하여 동산 나무 사이에 숨은지라 9 여호와 하나님이 아담을 부르시며 그에게 이르시되 네가 어디 있느냐 10 이르되 내가 동산에서 하나님의 소리를 듣고 내가 벗었으므로 두려워하여 숨었나이다

묵상 질문

1. 선악과를 먹은 아담과 하와가 가장 먼저 한 일은 무엇입니까? (7절)

2. 동산에 거니시는 하나님의 소리를 듣고 아담과 하와는 어떻게 반응했습니까? (8절)

3. 하나님의 낯을 피하여 동산 나무 사이에 숨어 있던 아담에게 하나님이 "네가 어디 있느냐?"라고 물으셨습니다. 그 의미는 무엇입니까? (9절)

①

②

1 타락 이전의 인간

개혁주의 신학자인 헤르만 바빙크는 이렇게 말합니다. "인간이 하나님의 형상을 간직하거나 가지고 있는 것이 아니다. 인간 자체가 하나님의 형상이다." 이는 하나님과 우리의 언약 관계가 지속되고 있음을 말합니다. 인간은 완전한 하나님의 형상으로 지음받아, 타락 이전에는 하나님이 주신 언약에 순종하며 완전한 삶을 살았습니다. 참된 의와 거룩함으로 창조된 아담은 하나님의 계명을 온전하게 지킬 수 있었습니다. 그 계명은, "생육하고 번성하여 땅에 충만하라, 땅을 정복하라, 바다의 물고기와 하늘의 새와 땅에 움직이는 모든 생물을 다스리라"(창 1:28)라는 명령과 "동산 각종 나무의 열매는 네가 임의로 먹되 선악을 알게 하는 나무의 열매는 먹지 말라 네가 먹는 날에는 반드시 죽으리라 하시니라"(창 2:16 -17)라는 경고였습니다. 아담은 이 명령과 경고를 지킴으로써 하나님과 올바른 관계를 맺을 수 있었습니다.

하나님의 형상으로 지음받은 인간

1) 인간은 '하나님의 형상'(Imago Dei)으로 지음을 받았습니다. 완전하신 하나님의 형상이 인간에게 주어진 것입니다. 그렇다면 하나님의 형상으로 지음받은 인간은 어떤 모습이었으며, 어떤 능력이 있었습니까? (창 1:27; 엡 4:24; 골 3:10)

창 1:27 _ 하나님이 자기 형상 곧 하나님의 형상대로 사람을 창조하시되 남자와 여자를 창조하시고

엡 4:24 _ 하나님을 따라 의와 진리의 거룩함으로 지으심을 받은 새 사람을 입으라

골 3:10 _ 새 사람을 입었으니 이는 자기를 창조하신 이의 형상을 따라 지식에까지 새롭게 하심을 입은 자니라

최초의 언약 – 행위언약

2) 하나님은 인간을 창조하시고 언약을 맺으셨습니다. 이를 '행위언약'이라고 합니다. 이 언약이 가진 가장 기본적인 명령과 경고는 무엇입니까? 아담과 하와는 이에 어떻게 반응했습니까? 하나님과 인간이 맺은 이 최초의 언약이 주는 의미는 무엇인지 생각해 봅시다 (창 2:16-17, 3:6).

창 2:16-17 _ 16 여호와 하나님이 그 사람에게 명하여 이르시되 동산 각종 나무의 열매는 네가 임의로 먹되 17 선악을 알게 하는 나무의 열매는 먹지 말라 네가 먹는 날에는 반드시 죽으리라 하시니라

창 3:6 _ 여자가 그 나무를 본즉 먹음직도 하고 보암직도 하고 지혜롭게 할 만큼 탐스럽기도 한 나무인지라 여자가 그 열매를 따먹고 자기와 함께 있는 남편에게도 주매 그도 먹은지라

2 타락의 본질: 네가 어디 있느냐?

아담과 하와의 타락 이후 인류가 하나님과 맺은 언약은 파기되었고, 하나님과의 관계는 단절되었습니다. 하나님을 무시하고 자기중심적인 삶을 살게 된 것입니다. 그래서 이사야 53장은 인류를 구원하기 위해 고난의 종으로 오실 메시아를 예언하며 인간의 타락을 이렇게 표현합니다. "우리는 다 양 같아서 그릇 행하여 각기 제 길로 갔거늘"(사 53:6). 이처럼 인간은 죄악 때문에 하나님과 단절되었고, 길을 잃어버렸습니다.

아담의 죄악

1) 아담과 하와는 선악과를 따먹고 어떤 행동을 했습니까? 하나님과 맺은 언약을 지키지 못한 아담에게 어떤 일이 벌어졌습니까? (창 3:7-8, 16-19, 23)

창 3:7-8 _ 7 이에 그들의 눈이 밝아져 자기들이 벗은 줄을 알고 무화과나무 잎을 엮어 치마로 삼았더라 8 그들이 그 날 바람이 불 때 동산에 거니시는 여호와 하나님의 소리를 듣고 아담과 그의 아내가 여호와 하나님의 낯을 피하여 동산 나무 사이에 숨은지라

창 3:16-19 _ 16 또 여자에게 이르시되 내가 네게 임신하는 고통을 크게 더하리니 네가 수고하고 자식을 낳을 것이며 너는 남편을 원하고 남편은 너를 다스릴 것이 니라 하시고 17 아담에게 이르시되 네가 네 아내의 말을 듣고 내가 네게 먹지 말 라 한 나무의 열매를 먹었은즉 땅은 너로 말미암아 저주를 받고 너는 네 평생에 수 고하여야 그 소산을 먹으리라 18 땅이 네게 가시덤불과 엉겅퀴를 낼 것이라 네가 먹을 것은 밭의 채소인즉 19 네가 흙으로 돌아갈 때까지 얼굴에 땀을 흘려야 먹을 것을 먹으리니 네가 그것에서 취함을 입었음이라 너는 흙이니 흙으로 돌아갈 것이 니라 하시니라

창 3:23 _ 여호와 하나님이 에덴 동산에서 그를 내보내어 그의 근원이 된 땅을 갈 게 하시니라

원죄

2) 인류의 첫 조상인 아담이 하나님과 맺은 언약을 깨뜨렸습니다. 언약의 대표자 아담이 죄를 지음으로 인류에게는 '원죄'가 생겼습니다. 아담 의 타락은 인류에 어떤 결과를 가져왔습니까? (시 51:5; 롬 3:23, 5:12)

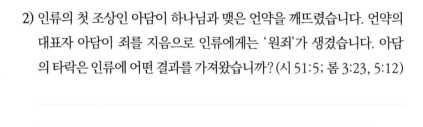

시 51:5 _ 내가 죄악 중에서 출생하였음이여 어머니가 죄 중에서 나를 잉태하였나 이다

롬 3:23 _ 모든 사람이 죄를 범하였으매 하나님의 영광에 이르지 못하더니

롬 5:12 _ 그러므로 한 사람으로 말미암아 죄가 세상에 들어오고 죄로 말미암아 사 망이 들어왔나니 이와 같이 모든 사람이 죄를 지었으므로 사망이 모든 사람에게 이 르렀느니라

3) 타락의 본질은 자기중심적인 삶입니다. 자기중심적인 삶은 하나님의
존재와 뜻을 무시하고 거부합니다. 성경은 이런 사람들에 대해 어떻게
말씀합니까? (엡 2:3; 딤후 3:8-9; 벧후 2:17-19)

엡 2:3 _ 전에는 우리도 다 그 가운데서 우리 육체의 욕심을 따라 지내며 육체와 마
음의 원하는 것을 하여 다른 이들과 같이 본질상 진노의 자녀이었더니

딤후 3:8-9 _ 8 얀네와 얌브레가 모세를 대적한 것 같이 그들도 진리를 대적하니
이 사람들은 그 마음이 부패한 자요 믿음에 관하여는 버림 받은 자들이라 9 그러
나 그들이 더 나아가지 못할 것은 저 두 사람이 된 것과 같이 그들의 어리석음이 드
러날 것임이라

벧후 2:17-19 _ 17 이 사람들은 물 없는 샘이요 광풍에 밀려 가는 안개니 그들을
위하여 캄캄한 어둠이 예비되어 있나니 18 그들이 허탄한 자랑의 말을 토하며 그
릇되게 행하는 사람들에게서 겨우 피한 자들을 음란으로써 육체의 정욕 중에서 유
혹하는도다 19 그들에게 자유를 준다 하여도 자신들은 멸망의 종들이니 누구든지
진 자는 이긴 자의 종이 됨이라

3 타락의 결과

타락하고 부패했다는 것은 원래 선하고 아름다웠음을 전제로 하는 말
입니다. 타락으로 말미암아 인간에게 있던 하나님의 형상이 깨지고 파
괴되었습니다. 물론 부분적으로 하나님의 형상이 남아 있지만, 인간은
죄악으로 하나님과의 관계가 단절되었고, 스스로 하나님을 찾을 수 없
는 존재가 되었습니다. 자유를 잃어버렸고, 죄의 노예로 속박당했습니
다. 이런 죄의 영향은 인간뿐만 아니라 피조 세계 전체에도 악영향을 주
었습니다.

죄의 결과 – 죽음

1) 인간의 타락으로 말미암아 인류에게 찾아온 참혹한 결과는 무엇입니까? (롬 6:23; 엡 2:1; 히 9:27)

롬 6:23 _ 죄의 삯은 사망이요 하나님의 은사는 그리스도 예수 우리 주 안에 있는 영생이니라

엡 2:1 _ 그는 허물과 죄로 죽었던 너희를 살리셨도다

히 9:27 _ 한 번 죽는 것은 사람에게 정해진 것이요 그 후에는 심판이 있으리니

타락으로 인한 상태

2) 로마서 3장 9-18절을 읽고, 인간이 어느 정도로 타락했는지 생각해 봅시다. 그리고 그 타락의 결과를 나누어 봅시다.

롬 3:9-18 _ 9 그러면 어떠하냐 우리는 나으냐 결코 아니라 유대인이나 헬라인이나 다 죄 아래에 있다고 우리가 이미 선언하였느니라 10 기록된 바 의인은 없나니 하나도 없으며 11 깨닫는 자도 없고 하나님을 찾는 자도 없고 12 다 치우쳐 함께 무익하게 되고 선을 행하는 자는 없나니 하나도 없도다 13 그들의 목구멍은 열린 무덤이요 그 혀로는 속임을 일삼으며 그 입술에는 독사의 독이 있고 14 그 입에는 저주와 악독이 가득하고 15 그 발은 피 흘리는 데 빠른지라 16 파멸과 고생이 그 길에 있어 17 평강의 길을 알지 못하였고 18 그들의 눈 앞에 하나님을 두려워함이 없느니라 함과 같으니라

- 예외 없는 타락 (10절)

- 하나님과 선에 대한 전적 무능 (11-12절)

- 영과 육의 완전한 오염 (13-15절)

- 절망적 운명 (16-18절)

4 하나님의 긍휼

타락한 인간은 죽음에 이르렀고 회복 가능성을 상실했습니다. 하나님과
는 관계가 깨어졌고, 자아상이 왜곡되었으며, 타인과의 관계가 어그러
졌습니다. 피조 세계는 인간의 타락으로 말미암아 총체적인 파괴와 오염
으로 탄식합니다. 그러나 하나님은 진노와 형벌 중에도 긍휼을 잊지 않
으셨습니다. 인간은 하나님과의 언약 앞에서 일방적으로 약속을 깨뜨렸
지만, 하나님은 깨어진 관계 속에서 새로운 은혜를 베푸셨습니다. 인간
은 넘어졌지만 하나님은 신실하게 그 모든 것을 붙드셨습니다.

원시 복음

1) 인간이 타락한 이후에도 하나님은 여전히 신실하게 은혜를 베푸셨습
   니다. 아담이 일방적으로 약속을 깨뜨린 것과 달리, 하나님은 어떤 모
   습으로 약속을 갱신하며 긍휼을 베푸셨습니까? (창 3:15, 21)

창 3:15, 21 _ 15 내가 너로 여자와 원수가 되게 하고 네 후손도 여자의 후손과 원수가 되게 하리니 여자의 후손은 네 머리를 상하게 할 것이요 너는 그의 발꿈치를 상하게 할 것이니라 하시고 21 여호와 하나님이 아담과 그의 아내를 위하여 가죽옷을 지어 입히시니라

복음 – 긍휼과 사랑

2) 내가 죄인임을 깨달을 때 복음이 내 안에서 역사하기 시작합니다. 하나님께 죄를 범해 철저히 타락했음을 인식하는 사람일수록 복음을 깊이 깨달을 가능성이 큽니다. 복음 안에 담긴 하나님의 마음은 무엇입니까? (롬 3:23-24, 4:7-8)

_____

_____

_____

_____

롬 3:23-24 _ 23 모든 사람이 죄를 범하였으매 하나님의 영광에 이르지 못하더니 24 그리스도 예수 안에 있는 속량으로 말미암아 하나님의 은혜로 값 없이 의롭다 하심을 얻은 자 되었느니라

롬 4:7-8 _ 7 불법이 사함을 받고 죄가 가리어짐을 받는 사람들은 복이 있고 8 주께서 그 죄를 인정하지 아니하실 사람은 복이 있도다 함과 같으니라

> 은혜는 우리가 선을 행했기 때문에 주어지는 것이 아니라, 선을 행할 수 있도록 주어지는 것이다. _성 아우구스티누스

1. 타락과 죄에 대해 새롭게 깨달은 점을 나누어 봅시다.

2. 죄를 짓는 일이 얼마나 무서운 것인지 생각해 봤습니까? 나는 죄에 얼마나 민감합니까? 어떻게 하면 죄를 민감하게 분별할 수 있을지 생각해 봅시다.

3. 하나님 앞에서 내가 구제불능 죄인이었음을 인정합니까? 이 사실에 거부감이 들지 않습니까? 만약 오늘 하나님과 나의 관계가 회복되었다면 무엇 때문인지 나누어 봅시다.

과제 준비하기

성경 암송 ☐

요 1:12 _ 영접하는 자 곧 그 이름을 믿는 자들에게는 하나님의 자녀가 되는 권세를 주셨으니

갈 2:20 _ 내가 그리스도와 함께 십자가에 못 박혔나니 그런즉 이제는 내가 사는 것이 아니요 오직 내 안에 그리스도께서 사시는 것이라 이제 내가 육체 가운데 사는 것은 나를 사랑하사 나를 위하여 자기 자신을 버리신 하나님의 아들을 믿는 믿음 안에서 사는 것이라

큐티 나눔 ☐   **성경 통독** ☐

"화목하게 하시는 예수 그리스도"

깨어진 관계 속에 오신 예수,
길과 진리와 생명이 되시다.

세 번째 동행 **구원**

🎵 은혜의 찬양 547장 | 슬픈 마음 있는 사람

       죄란 하나님의 형상으로 지음받은 인간이 마땅히 머물러야 할 자리에 만족하지 않고 하나님의 자리를 탐하는 것을 말합니다. 이럴 때 인간은 자신의 자리마저 상실하고 마는데, 이것이 바로 죄의 결과입니다. 그 결과가 너무나 참혹해서 인간이 할 수 있는 반응은 하나님을 두려워하고 숨는 것이 전부였습니다(창 3:10). 그러나 죄인 된 인간에게 하나님이 구원을 베푸시어 친히 죄인을 부르시고, 찾아오셨습니다(창 3:9).

   이처럼 구원은 인간이 아닌 하나님으로부터 시작되었습니다. 하나님의 구원 사건의 절정은 예수님이 이 땅 가운데 오신 '성육신'과 '십자가 죽음', 그리고 '부활'로 나타납니다. 단순히 죄인을 부르시고 만나 주시는 차원이 아닙니다. 하나님이 친히 인간의 몸으로 오셔서 죽으시고 부활하심으로 놀라운 구원의 경륜을 이루셨습니다. 이는 죄인을 향한 하나님의 사랑이 얼마나 큰지를 보여 주는 사건입니다.

지난 여정 나누기

1. 하나님은 자신의 형상으로 인간을 창조했지만 인간은 타락함으로 그 형상을 심하게 훼손했습니다. 그로 인해 인간은 하나님께서 주신 자리까지 잃어버렸습니다. 이런 죄의 결과가 나에게 어떤 영향을 주는지 서로 나누어 봅시다.

2. 지금까지 살면서 예수님이 필요하다고 간절히 느낀 때는 언제였는지 서로 나누어 봅시다.

과제 점검하기

성경 암송 ☐

요 1:12 _ 영접하는 자 곧 그 이름을 믿는 자들에게는 하나님의 자녀가 되는 권세를 주셨으니

갈 2:20 _ 내가 그리스도와 함께 십자가에 못 박혔나니 그런즉 이제는 내가 사는 것이 아니요 오직 내 안에 그리스도께서 사시는 것이라 이제 내가 육체 가운데 사는 것은 나를 사랑하사 나를 위하여 자기 자신을 버리신 하나님의 아들을 믿는 믿음 안에서 사는 것이라

큐티 나눔 ☐   성경 통독 ☐

 **말씀 산책**

화목하게 하시는 예수 그리스도

골로새서 1:20-22

20 그의 십자가의 피로 화평을 이루사 만물 곧 땅에 있는 것들이나 하늘에 있는 것들이 그로 말미암아 자기와 화목하게 되기를 기뻐하심이라 21 전에 악한 행실로 멀리 떠나 마음으로 원수가 되었던 너희를 22 이제는 그의 육체의 죽음으로 말미암아 화목하게 하사 너희를 거룩하고 흠 없고 책망할 것이 없는 자로 그 앞에 세우고자 하셨으니

묵상 질문

1. 예수님을 믿기 전, 우리는 하나님과 어떤 관계였습니까? (21절; 롬 5:10a)

2. 하나님과 원수였던 우리가 어떻게 하나님과 화목하게 되었습니까? (20, 22a절; 롬 5:10a)

3. 예수님의 피 흘리심과 죽으심이 하나님과 원수 된 우리를 화목하게 하는 이유는 무엇입니까? (엡 2:16; 롬 8:1) 우리는 어떻게 이 화목의 복을 누리며 살고 있습니까?

1 성육신 – 사람이 되신 하나님

성경은 죄인을 구원하시는 하나님의 사랑 이야기입니다. 그 사랑의 극적인 모습은 먼저 예수님이 인간의 몸으로 이 땅 가운데 오신 성육신 사건으로 나타납니다. 이는 하나님이 인간의 몸으로 탄생하셨음을 의미합니다. 이것은 인간이 지닌 이성으로는 온전히 이해할 수 없는 신비입니다. 이 땅에 오신 예수님은 온전한 인성과 신성을 함께 지니셨습니다.

예수님의 탄생

1) 성경에는 메시아 예수님이 천사의 수태고지로 동정녀 마리아에게서 태어나셨다고 분명히 기록합니다(마 1:18-25). 이는 예수님의 탄생이 인간의 방법이 아닌 하나님의 초자연적 능력으로 일어났음을 보여 줍니다. 예수님의 탄생은 우연히 일어난 일이 아니라 하나님이 인류를 구원하시려고 철저하게 계획하고 준비하신 사건입니다. 우리는 어떻게 그 사실을 알 수 있습니까? (마 1:16-17, 23; 롬 1:3)

마 1:16-17 _ 16 야곱은 마리아의 남편 요셉을 낳았으니 마리아에게서 그리스도라 칭하는 예수가 나시니라 17 그런즉 모든 대 수가 아브라함부터 다윗까지 열네 대요 다윗부터 바벨론으로 사로잡혀 갈 때까지 열네 대요 바벨론으로 사로잡혀 간 후부터 그리스도까지 열네 대더라

마 1:23 _ 보라 처녀가 잉태하여 아들을 낳을 것이요 그의 이름은 임마누엘이라 하리라 하셨으니 이를 번역한즉 하나님이 우리와 함께 계시다 함이라

롬 1:3 _ 그의 아들에 관하여 말하면 육신으로는 다윗의 혈통에서 나셨고

예수님의 인성

2) 예수님은 온전한 인성을 가진 참 사람으로 우리 가운데 오셨습니다. 성경 곳곳에서 예수님의 인성을 증거합니다. 성경은 사람으로 오신 예수님을 어떻게 소개하는지 다음 구절들을 살펴봅시다(마 8:24; 눅 2:52; 요 4:6, 11:33, 35; 히 4:15).

마 8:24 _ 바다에 큰 놀이 일어나 배가 물결에 덮이게 되었으되 예수께서는 주무시는지라

눅 2:52 _ 예수는 지혜와 키가 자라가며 하나님과 사람에게 더욱 사랑스러워 가시더라

요 4:6 _ 거기 또 야곱의 우물이 있더라 예수께서 길 가시다가 피곤하여 우물 곁에 그대로 앉으시니 때가 여섯 시쯤 되었더라

요 11:33, 35 _ 33 예수께서 그가 우는 것과 또 함께 온 유대인들이 우는 것을 보시고 심령에 비통히 여기시고 불쌍히 여기사 35 예수께서 눈물을 흘리시더라

히 4:15 _ 우리에게 있는 대제사장은 우리의 연약함을 동정하지 못하실 이가 아니요 모든 일에 우리와 똑같이 시험을 받으신 이로되 죄는 없으시니라

예수님의 신성

3) 예수님은 또한 온전한 신성을 가진 참 하나님으로 오셨습니다. 우리 가운데 오신 예수님은 참 사람이자 참 하나님이십니다. 성경에서는 예수님이 하나님이심을 어떻게 증거합니까? (마 1:23, 16:16; 요 1:14, 10:30; 빌 2:6; 골 2:9)

마 1:23 _ 보라 처녀가 잉태하여 아들을 낳을 것이요 그의 이름은 임마누엘이라 하리라 하셨으니 이를 번역한즉 하나님이 우리와 함께 계시다 함이라

마 16:16 _ 시몬 베드로가 대답하여 이르되 주는 그리스도시요 살아 계신 하나님의 아들이시니이다

요 1:14 _ 말씀이 육신이 되어 우리 가운데 거하시매 우리가 그의 영광을 보니 아버지의 독생자의 영광이요 은혜와 진리가 충만하더라

요 10:30 _ 나와 아버지는 하나이니라 하신대

빌 2:6 _ 그는 근본 하나님의 본체시나 하나님과 동등됨을 취할 것으로 여기지 아니하시고

골 2:9 _ 그 안에는 신성의 모든 충만이 육체로 거하시고

그분은 자신의 신성에 인성을 취하셨습니다. 이것이 성육신의 모든 것입니다. 바로 이것이 정확히 베들레헴에서 발생한 일입니다. _마틴 로이드 존스

2 십자가 – 하나님의 능력과 지혜

죄인을 구원하시는 하나님 사랑의 극적인 이야기는 예수님의 성육신에서 십자가 사건으로 이어집니다. 예수님의 십자가 죽음은 사람들이 보기에는 허무하고 비참한 일이지만, 그 안에는 구원을 이루시는 하나님의 능력과 지혜가 담겨 있습니다.

예수님의 죽음

1) 사복음서는 예수님의 생애를 구체적으로 다룹니다. 그중에서도 특별히 예수님의 고난과 죽음을 기록하는 일에 상당한 분량을 할애합니다. 성경은 왜 예수님의 죽음을 집중해서 조명합니까? (마 16:21; 고전 1:18, 2:2)

마 16:21 _ 이 때로부터 예수 그리스도께서 자기가 예루살렘에 올라가 장로들과 대제사장들과 서기관들에게 많은 고난을 받고 죽임을 당하고 제삼일에 살아나야 할 것을 제자들에게 비로소 나타내시니

고전 1:18 _ 십자가의 도가 멸망하는 자들에게는 미련한 것이요 구원을 받는 우리에게는 하나님의 능력이라

고전 2:2 _ 내가 너희 중에서 예수 그리스도와 그가 십자가에 못 박히신 것 외에는 아무것도 알지 아니하기로 작정하였음이라

2) 예수님의 십자가 죽음은 결코 한 개인의 죽음이 아니었습니다. 이 세상과 온 인류를 위한 죽음이었습니다. 성경에서는 예수님의 죽음이 인간의 죄를 대속하기 위한 죽음임을 분명히 증거합니다. 그렇다면 예수님의 죽음은 죄인의 구원과 어떤 관련이 있습니까? (사 53:5; 막 10:45; 요 1:29; 히 9:12)

사 53:5 _ 그가 찔림은 우리의 허물 때문이요 그가 상함은 우리의 죄악 때문이라 그가 징계를 받으므로 우리는 평화를 누리고 그가 채찍에 맞으므로 우리는 나음을 받았도다

막 10:45 _ 인자가 온 것은 섬김을 받으려 함이 아니라 도리어 섬기려 하고 자기 목숨을 많은 사람의 대속물로 주려 함이니라

요 1:29 _ 이튿날 요한이 예수께서 자기에게 나아오심을 보고 이르되 보라 세상 죄를 지고 가는 하나님의 어린 양이로다

히 9:12 _ 염소와 송아지의 피로 하지 아니하고 오직 자기의 피로 영원한 속죄를 이루사 단번에 성소에 들어가셨느니라

십자가의 능력 – 회복

3) 예수님이 십자가에서 죽으심으로 죄인의 삶에 어떤 결과가 나타났습니까? (히 10:19-20; 엡 2:13-16)

히 10:19-20 _ 19 그러므로 형제들아 우리가 예수의 피를 힘입어 성소에 들어갈 담력을 얻었나니 20 그 길은 우리를 위하여 휘장 가운데로 열어 놓으신 새로운 살 길이요 휘장은 곧 그의 육체니라

엡 2:13-16 _ 13 이제는 전에 멀리 있던 너희가 그리스도 예수 안에서 그리스도의 피로 가까워졌느니라 14 그는 우리의 화평이신지라 둘로 하나를 만드사 원수된 것 곧 중간에 막힌 담을 자기 육체로 허시고 15 법조문으로 된 계명의 율법을 폐하셨으니 이는 이 둘로 자기 안에서 한 새 사람을 지어 화평하게 하시고 16 또 십자가로 이 둘을 한 몸으로 하나님과 화목하게 하려 하심이라 원수 된 것을 십자가로 소멸하시고

3 부활 – 기독교의 핵심

기독교를 지탱하는 뿌리는 바로 예수님의 부활입니다. 이 뿌리가 흔들리거나 뽑히면 기독교 자체가 무너집니다. 역사상 수없이 많은 불신자와 여러 이단은 기독교를 무너뜨리기 위해 예수님의 부활 교리가 거짓이라고 공격했습니다. 반면 사도들은 예수님의 부활 교리를 목숨 걸고 지켜냈습니다. 부활은 믿음의 핵심이자 성도의 소망입니다.

부활의 역사적 증거

1) 예수님의 부활은 누군가 지어낸 이야기가 아니라 세계사 가운데 일어난 역사적 사실입니다. 사실에는 분명한 증거가 있기 마련입니다. 그렇다면 예수님의 부활을 역사적 사실로 볼 증거는 무엇입니까? (막 16:9; 고전 15:3-8)

막 16:9 _ 예수께서 안식 후 첫날 이른 아침에 살아나신 후 전에 일곱 귀신을 쫓아 내어 주신 막달라 마리아에게 먼저 보이시니

고전 15:3-8 _ 3 내가 받은 것을 먼저 너희에게 전하였노니 이는 성경대로 그리스도께서 우리 죄를 위하여 죽으시고 4 장사 지낸 바 되셨다가 성경대로 사흘 만에 다시 살아나사 5 게바에게 보이시고 후에 열두 제자에게와 6 그 후에 오백여 형제에게 일시에 보이셨나니 그 중에 지금까지 대다수는 살아 있고 어떤 사람은 잠들었으며 7 그 후에 야고보에게 보이셨으며 그 후에 모든 사도에게와 8 맨 나중에 만삭되지 못하여 난 자 같은 내게도 보이셨느니라

예수님 부활의 의미

2) 예수님의 부활은 당시 많은 사람의 삶을 송두리째 바꾸어 놓았습니다. 또 지난 2천 년 역사 속에서 수많은 나라와 민족에도 영향을 미쳤습니다. 그렇다면 오늘 우리에게 예수님의 부활은 어떤 의미가 있습니까? (롬 6:5, 8:34-35; 고전 15:20-22, 45; 갈 2:20)

롬 6:5 _ 만일 우리가 그의 죽으심과 같은 모양으로 연합한 자가 되었으면 또한 그의 부활과 같은 모양으로 연합한 자도 되리라

롬 8:34-35 _ 34 누가 정죄하리요 죽으실 뿐 아니라 다시 살아나신 이는 그리스도 예수시니 그는 하나님 우편에 계신 자요 우리를 위하여 간구하시는 자시니라 35 누가 우리를 그리스도의 사랑에서 끊으리요 환난이나 곤고나 박해나 기근이나 적신이나 위험이나 칼이랴

고전 15:20-22 _ 20 그러나 이제 그리스도께서 죽은 자 가운데서 다시 살아나사 잠자는 자들의 첫 열매가 되셨도다 21 사망이 한 사람으로 말미암았으니 죽은 자의 부활도 한 사람으로 말미암는도다 22 아담 안에서 모든 사람이 죽은 것 같이 그리스도 안에서 모든 사람이 삶을 얻으리라

고전 15:45 _ 기록된 바 첫 사람 아담은 생령이 되었다 함과 같이 마지막 아담은 살려 주는 영이 되었나니

갈 2:20 _ 내가 그리스도와 함께 십자가에 못 박혔나니 그런즉 이제는 내가 사는 것이 아니요 오직 내 안에 그리스도께서 사시는 것이라 이제 내가 육체 가운데 사는 것은 나를 사랑하사 나를 위하여 자기 자신을 버리신 하나님의 아들을 믿는 믿음 안에서 사는 것이라

예수님의 승천

3) 예수님은 부활 후 40일 동안 제자들과 함께 계시다가 하늘로 올라가셨습니다. 그리고 하나님 우편에 앉으셨습니다. 성경에서는 예수님이 승천하셔서 우리를 위해 어떤 일을 하신다고 말씀합니까? (롬 8:34; 엡 1:20-23)

롬 8:34 _ 누가 정죄하리요 죽으실 뿐 아니라 다시 살아나신 이는 그리스도 예수시니 그는 하나님 우편에 계신 자요 우리를 위하여 간구하시는 자시니라

엡 1:20-23 _ 20 그의 능력이 그리스도 안에서 역사하사 죽은 자들 가운데서 다시 살리시고 하늘에서 자기의 오른편에 앉히사 21 모든 통치와 권세와 능력과 주권과 이 세상뿐 아니라 오는 세상에 일컫는 모든 이름 위에 뛰어나게 하시고 22 또 만물을 그의 발 아래에 복종하게 하시고 그를 만물 위에 교회의 머리로 삼으셨느니라 23 교회는 그의 몸이니 만물 안에서 만물을 충만하게 하시는 이의 충만함이니라

> 그리스도의 부활은 우리 신앙의 대상일 뿐만 아니라 우리 소망의 본보기이기도 하다. _토머스 아담스

새로운 여정을 향해

1. 예수님의 삶과 죽음, 부활을 배우며 가장 기억에 남는 내용이 있다면 나누어 봅시다.

2. 예수님이 우리 죄를 대신해 죽기 위하여 이 땅에 오셨다는 사실이 어떤 의미로 다가오나요?

3. 예수님의 부활은 제자들과 많은 사람들의 삶을 변화시켰습니다. 그렇다면 현재 나의 삶에서 부활 사건은 어떤 영향을 미치고 있습니까?

과제 준비하기

성경 암송 ☐

요 10:28-29 _ 28 내가 그들에게 영생을 주노니 영원히 멸망하지 아니할 것이요 또 그들을 내 손에서 빼앗을 자가 없느니라 29 그들을 주신 내 아버지는 만물보다 크시매 아무도 아버지 손에서 빼앗을 수 없느니라

딤후 4:18 _ 주께서 나를 모든 악한 일에서 건져내시고 또 그의 천국에 들어가도록 구원하시리니 그에게 영광이 세세무궁토록 있을지어다 아멘

큐티 나눔 ☐   **성경 통독** ☐

구원의
확신

"왕의 자녀로 살라"

확신에 찬 소망은 참되며 성경적이다.
구원의 확신은 분명 성도가 누릴 특권이다.

네 번째 동행 **구원의 확신**

♫ 은혜의 찬양 380장 | 날 구원하신 주 감사

       하나님은 죄인인 우리를 구원하시기 위해 독생자 예수 그리스도를 이 땅에 보내셨습니다. 예수님의 십자가 사건과 부활로 우리는 하나님께 나아갈 새로운 길을 얻었고, 하나님과 화목하게 되어 새로운 관계를 맺게 되었습니다. 우리는 예수 그리스도의 십자가 사건과 부활을 믿음으로써 구원을 얻습니다.

    그러나 안타깝게도 생각보다 많은 그리스도인이 구원을 확신하지 못합니다. 자신이 죄를 용서받았고 지금 죽어도 천국에서 영원한 안식을 누릴 수 있다는 확신 없이 신앙생활을 합니다. 구원의 확신은 신앙생활을 해 나가는 그리스도인에게 매우 중요합니다. 구원의 확신이 없으면 우리는 하나님의 자녀 된 특권을 누리지 못합니다.

지난 여정 나누기

1. 복음의 핵심인 예수님의 십자가와 부활은 우리 인생에 새로운 살 길을 열었습니다. 한 주 동안 예수님 때문에 행복했다면 그 감정이나 경험을 나누어 봅시다.

2. 나에게는 구원의 확신이 있습니까? 내가 생각하는 확신의 근거는 무엇입니까?

과제 점검하기

성경 암송 ☐

요 10:28-29 _ 28 내가 그들에게 영생을 주노니 영원히 멸망하지 아니할 것이요 또 그들을 내 손에서 빼앗을 자가 없느니라 29 그들을 주신 내 아버지는 만물보다 크시매 아무도 아버지 손에서 빼앗을 수 없느니라

딤후 4:18 _ 주께서 나를 모든 악한 일에서 건져내시고 또 그의 천국에 들어가도록 구원하시리니 그에게 영광이 세세무궁토록 있을지어다 아멘

큐티 나눔 ☐   성경 통독 ☐

 **말씀 산책**

하나님의 자녀 된 권세를 누리라

요한복음 1:12

12 영접하는 자 곧 그 이름을 믿는 자들에게는 하나님의 자녀가 되는 권세를 주셨으니

로마서 8:15-17

15 너희는 다시 무서워하는 종의 영을 받지 아니하고 양자의 영을 받았으므로 우리가 아빠 아버지라고 부르짖느니라 16 성령이 친히 우리의 영과 더불어 우리가 하나님의 자녀인 것을 증언하시나니 17 자녀이면 또한 상속자 곧 하나님의 상속자요 그리스도와 함께 한 상속자니 우리가 그와 함께 영광을 받기 위하여 고난도 함께 받아야 할 것이니라

묵상 질문

1. 하나님의 자녀가 이 땅에서 누리는 특권은 무엇입니까? (롬 8:15b)

2. 누가 하나님의 자녀가 되는 권세를 얻습니까? 하나님은 어떤 사람에게 하나님의 자녀가 되는 권세를 주십니까? (요 1:12)

3. 하나님의 상속자로서 그리스도와 함께 받아 누릴 상속은 무엇입니까?

　① 요일 5:11-12

　② 빌 3:21

　③ 마 25:34b

1 믿음 – 하나님의 선물

우리는 먼저 구원의 확신과 믿음 사이에 어떤 연관성이 있는지 생각해 보려고 합니다. 구원의 확신은 믿음의 열매입니다. 믿음은 하나님이 성도에게 주신 최고의 선물입니다. 믿음이 없이는 결코 하나님을 기쁘시게 할 수 없습니다(히 11:6). 그렇다면 하나님을 기쁘시게 하는 그 믿음은 무엇일까요? 창조주 하나님, 구원자 하나님, 심판하시는 하나님이 계신다는 사실을 믿는 믿음입니다. 그리고 그 하나님이 우리와 친밀한 관계를 맺고 사랑의 교제를 나누길 원하신다는 것을 믿는 믿음입니다.

구원의 근거 – 믿음

1) 성경은 구원을 위한 책입니다. 성경에서는 인간이 어떻게 구원에 이른 다고 말씀합니까? (요 1:12-13; 롬 1:17, 10:9-10)

요 1:12-13 _ 12 영접하는 자 곧 그 이름을 믿는 자들에게는 하나님의 자녀가 되는 권세를 주셨으니 13 이는 혈통으로나 육정으로나 사람의 뜻으로 나지 아니하고 오직 하나님께로부터 난 자들이니라

롬 1:17 _ 복음에는 하나님의 의가 나타나서 믿음으로 믿음에 이르게 하나니 기록된 바 오직 의인은 믿음으로 말미암아 살리라 함과 같으니라

롬 10:9-10 _ 9 네가 만일 네 입으로 예수를 주로 시인하며 또 하나님께서 그를 죽은 자 가운데서 살리신 것을 네 마음에 믿으면 구원을 받으리라 10 사람이 마음으로 믿어 의에 이르고 입으로 시인하여 구원에 이르느니라

믿음은 어떻게 소유할 수 있는가?

2) 그렇다면 그리스도인은 어떻게 이런 믿음을 소유할 수 있습니까? (롬 10:17; 고전 12:3; 엡 2:8)

롬 10:17 _ 그러므로 믿음은 들음에서 나며 들음은 그리스도의 말씀으로 말미암았느니라

고전 12:3 _ 그러므로 내가 너희에게 알리노니 하나님의 영으로 말하는 자는 누구든지 예수를 저주할 자라 하지 아니하고 또 성령으로 아니하고는 누구든지 예수를 주시라 할 수 없느니라

엡 2:8 _ 너희는 그 은혜에 의하여 믿음으로 말미암아 구원을 받았으니 이것은 너희에게서 난 것이 아니요 하나님의 선물이라

구원의 확신이 주는 유익

3) 믿음이 하나님의 은혜로 주어지는 선물임을 깨달을 때, 그리스도인은 구원의 확신을 갖게 됩니다. 이런 확신은 그리스도인에게 어떤 유익을 줍니까? (합 3:17-18; 요 1:12, 3:3)

합 3:17-18 _ 17 비록 무화과나무가 무성하지 못하며 포도나무에 열매가 없으며 감람나무에 소출이 없으며 밭에 먹을 것이 없으며 우리에 양이 없으며 외양간에 소가 없을지라도 18 나는 여호와로 말미암아 즐거워하며 나의 구원의 하나님으로 말미암아 기뻐하리로다

요 1:12 _ 영접하는 자 곧 그 이름을 믿는 자들에게는 하나님의 자녀가 되는 권세를 주셨으니

요 3:3 _ 예수께서 대답하여 이르시되 진실로 진실로 네게 이르노니 사람이 거듭나지 아니하면 하나님의 나라를 볼 수 없느니라

참된 믿음은 성경의 사실들에 닻을 내리고 있다. 따라서 우리는 감정의 영향을 받아서는 안 된다. _마일즈 스탠포드

2 자녀 – 신분의 변화

구원의 확신은 일차적으로 믿음의 열매입니다. 믿음이 하나님으로부터 주어진 은혜의 선물이라는 사실을 알게 될 때, 우리는 구원의 확신으로 살아가게 됩니다. 구원의 확신은 또한 그리스도인이 자신의 신분 변화를 깨달을 때 생겨납니다. 우리는 이제 종이 아니라 그분의 자녀이자 상속자입니다. 어느 정도 수준에 도달해서 주인에게 만족을 주어야 하는 종이 아니라, 자녀라는 신분을 가지고 존재 자체로 아버지의 기쁨이 되는 영광스러운 상속자입니다. 이 사실을 깨달을 때, 구원의 확신 가운데 자녀 된 축복을 누릴 수 있습니다.

신분과 수준

1) 많은 그리스도인이 현재 자신의 모습과 상태 그대로를 하나님이 사랑하지 않으시며, 심지어 거부하신다고 생각합니다. 그리고 그런 자신의 모습으로는 도저히 하나님 앞에 나아갈 수 없다고 생각합니다. 이런 태도에는 어떤 문제가 있는지 다음 성경 구절을 읽으며 생각해 봅시다 (눅 15:18-23).

눅 15:18-23 _ 18 내가 일어나 아버지께 가서 이르기를 아버지 내가 하늘과 아버지께 죄를 지었사오니 19 지금부터는 아버지의 아들이라 일컬음을 감당하지 못하겠나이다 나를 품꾼의 하나로 보소서 하리라 하고 20 이에 일어나서 아버지께로 돌아가니라 아직도 거리가 먼데 아버지가 그를 보고 측은히 여겨 달려가 목을 안고 입을 맞추니 21 아들이 이르되 아버지 내가 하늘과 아버지께 죄를 지었사오니 지금부터는 아버지의 아들이라 일컬음을 감당하지 못하겠나이다 하나 22 아버지는 종들에게 이르되 제일 좋은 옷을 내어다가 입히고 손에 가락지를 끼우고 발에 신을 신기라 23 그리고 살진 송아지를 끌어다가 잡으라 우리가 먹고 즐기자

(1) 둘째 아들은 허랑방탕하게 아버지의 재산을 낭비한 자신을 어떻게 여깁니까? (18-19, 21절)

(2) 이런 둘째 아들을 아버지는 어떤 모습으로 대합니까? (20, 22-23 절)

성도를 바라보시는 하나님의 태도

2) 사람은 실력과 외모로 사람을 평가하고 판단합니다. 그러나 하나님은 우리를 어떻게 보십니까? (삼상 16:7; 습 3:17; 고후 5:17)

삼상 16:7 _ 여호와께서 사무엘에게 이르시되 그의 용모와 키를 보지 말라 내가 이미 그를 버렸노라 내가 보는 것은 사람과 같지 아니하니 사람은 외모를 보거니와 나 여호와는 중심을 보느니라 하시더라

습 3:17 _ 너의 하나님 여호와가 너의 가운데에 계시니 그는 구원을 베푸실 전능자이시라 그가 너로 말미암아 기쁨을 이기지 못하시며 너를 잠잠히 사랑하시며 너로 말미암아 즐거이 부르며 기뻐하시리라 하리라

고후 5:17 _ 그런즉 누구든지 그리스도 안에 있으면 새로운 피조물이라 이전 것은 지나갔으니 보라 새 것이 되었도다

3) 신앙생활은 자신의 지금 상태와 수준을 가지고 하나님께 나아가는 것이 아닙니다. 하나님의 자녀라는 신분에 근거해 하나님께 나아갈 때, 확신에 찬 소망과 영혼의 안전을 누릴 수 있습니다. 신분의 변화를 인식한 자녀는 하나님 앞에 어떤 모습으로 나아갑니까? (엡 3:12; 히 4:16)

_____

_____

_____

_____

엡 3:12 _ 우리가 그 안에서 그를 믿음으로 말미암아 담대함과 확신을 가지고 하나님께 나아감을 얻느니라

히 4:16 _ 그러므로 우리는 긍휼하심을 받고 때를 따라 돕는 은혜를 얻기 위하여 은혜의 보좌 앞에 담대히 나아갈 것이니라

자녀로 용납됨

4) 왕의 자녀로 하나님 앞에 나아가 자비와 긍휼하심을 얻고 용납받은 경험이 있다면, 함께 나누어 봅시다.

_____

_____

_____

_____

구원은 현재 신앙 상태나 감정에 의해 쉽게 흔들리거나 좌우되지 않습니다. 구원의 확신은 그리스도인이 두려움을 넘어 기쁨과 소망의 자리로 나아가게 합니다. 우리는 이 기쁨과 소망으로 하나님이 기대하시는 더 나은 자리로 나아가야 합니다.

구원을 향한 약속

1) 예수 그리스도께서 약속하신 구원을 신뢰하고 붙잡을 때, 구원의 확신을 가질 수 있습니다. 성경은 하나님의 약속인 구원을 어떻게 설명합니까? (요 10:28-29; 딤후 4:18)

요 10:28-29 _ 28 내가 그들에게 영생을 주노니 영원히 멸망하지 아니할 것이요 또 그들을 내 손에서 빼앗을 자가 없느니라 29 그들을 주신 내 아버지는 만물보다 크시매 아무도 아버지 손에서 빼앗을 수 없느니라

딤후 4:18 _ 주께서 나를 모든 악한 일에서 건져내시고 또 그의 천국에 들어가도록 구원하시리니 그에게 영광이 세세무궁토록 있을지어다 아멘

구원의 확신 – 관계의 기초

2) 앞에서 살펴본 바와 같이 참된 구원의 확신은 성경의 기초 위에 세워집니다. 구원의 확신은 그리스도인의 성장에 자양분이 됩니다. 두려움을 넘어선 관계를 누리는 것이 우리를 어느 자리로 이끌어 갑니까? (레 20:26; 갈 2:20)

레 20:26 _ 너희는 나에게 거룩할지어다 이는 나 여호와가 거룩하고 내가 또 너희를 나의 소유로 삼으려고 너희를 만민 중에서 구별하였음이니라

갈 2:20 _ 내가 그리스도와 함께 십자가에 못 박혔나니 그런즉 이제는 내가 사는 것이 아니요 오직 내 안에 그리스도께서 사시는 것이라 이제 내가 육체 가운데 사는 것은 나를 사랑하사 나를 위하여 자기 자신을 버리신 하나님의 아들을 믿는 믿음 안에서 사는 것이라

구원의 확신 - 풍성한 소망

3) 구원의 확신은 그리스도인이 마침내 풍성한 소망을 기대하며 살게 합니다. 그 소망은 무엇입니까? (딤후 4:7-8; 히 6:11-12)

딤후 4:7-8 _ 7 나는 선한 싸움을 싸우고 나의 달려갈 길을 마치고 믿음을 지켰으니 8 이제 후로는 나를 위하여 의의 면류관이 예비되었으므로 주 곧 의로우신 재판장이 그 날에 내게 주실 것이며 내게만 아니라 주의 나타나심을 사모하는 모든 자에게도니라

히 6:11-12 _ 11 우리가 간절히 원하는 것은 너희 각 사람이 동일한 부지런함을 나타내어 끝까지 소망의 풍성함에 이르러 12 게으르지 아니하고 믿음과 오래 참음으로 말미암아 약속들을 기업으로 받는 자들을 본받는 자 되게 하려는 것이니라

> 행복은 우리 안에 있지 않고, 우리 밖에 있지도 않다. 오직 하나
> 님과 같이 있을 때에만 있다. _파스칼

새로운 여정을 향해

1. 구원의 확신을 갖기 위해 하나님이 주신 믿음과 나의 신분 변화를 이해하
   는 것이 왜 중요한지 나누어 봅시다.

2. 구원의 확신이 주는 신앙생활의 유익은 무엇입니까?

3. 구원의 확신이 왜 성도의 특권인지 생각해 보고 나누어 봅시다.

 **과제 준비하기**

성경 암송 ☐

시 19:7-8 _ 7 여호와의 율법은 완전하여 영혼을 소성시키며 여호와의 증거는 확실하여 우둔한 자를 지혜롭게 하며 8 여호와의 교훈은 정직하여 마음을 기쁘게 하고 여호와의 계명은 순결하여 눈을 밝게 하시도다

요 20:31 _ 오직 이것을 기록함은 너희로 예수께서 하나님의 아들 그리스도 이심을 믿게 하려 함이요 또 너희로 믿고 그 이름을 힘입어 생명을 얻게 하려 함이니라

큐티 나눔 ☐   **성경 통독** ☐

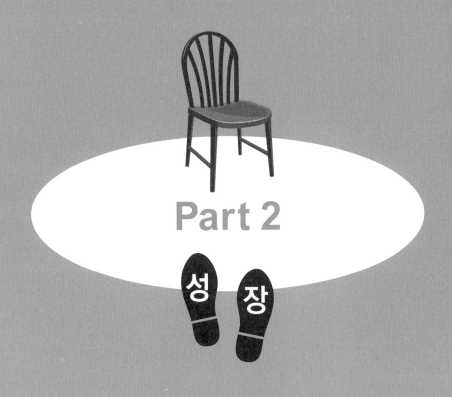

Part 2

성 장

지친 날들의 은혜

말씀 | 기도 | 예배 | 성령 충만 | 전도 | 영적 전쟁 | 고난

memo

"말씀을 사모하라"

성경은 어두운 세상에서 내 인생을 비추는 등불이다.
하나님의 말씀으로 내 삶을 얼마나 비추고 있는가?

다섯 번째 동행 **말씀**

♫ 은혜의 찬양 36장 | 주님 말씀하시면

예수 그리스도를 믿지만 구원의 확신을 가지지 못한 채 기쁨과 평안을 누리지 못하는 그리스도인이 많습니다. 구원의 확신은 분명 믿음의 열매입니다. 우리가 소유하고 있는 믿음을 어떻게 받았는지 깨닫고 그 믿음으로 자신의 신분이 어떻게 변화되었는지 알 때, 구원의 확신으로 기쁨과 소망을 누리게 됩니다.

이런 확신에 찬 소망은 분명 기록된 성경, 곧 예수 그리스도의 구원 약속을 적극적으로 믿는 데서 비롯됩니다. 성경은 하나님의 약속으로 가득한 위대한 사랑 이야기입니다. 하나님은 사랑이시며, 사랑의 하나님이 인간을 사랑하시되 끝까지 사랑하시는 '러브 스토리'가 바로 성경 말씀입니다. 성경을 읽으면 하나님의 성품과 뜻과 위대한 일하심을 발견하게 됩니다. 또한 성경을 통해 그리스도인은 삶에 위로와 영혼의 회복을 경험하고, 하나님과 동행하는 삶에 필요한 모든 것을 공급받게 됩니다.

💬 지난 여정 나누기

1. 하나님의 사랑을 느끼지 못하거나 구원의 확신이 들지 않을 때, 우리는 무엇을 해야 합니까? 한 주 동안 이런 확신의 소망을 누리기 위해 시도한 일이 있다면 나누어 봅시다.

2. 하나님의 말씀인 성경이 안내하는 길과 내가 생각하는 길이 다를 때, 내가 보인 태도와 반응은 무엇입니까? 설교 말씀을 듣거나 말씀을 묵상하다가 머뭇거린 적이 있다면 나누어 봅시다.

📝 과제 점검하기

성경 암송 ☐

시 19:7-8 _ 7 여호와의 율법은 완전하여 영혼을 소성시키며 여호와의 증거는 확실하여 우둔한 자를 지혜롭게 하며 8 여호와의 교훈은 정직하여 마음을 기쁘게 하고 여호와의 계명은 순결하여 눈을 밝게 하시도다

요 20:31 _ 오직 이것을 기록함은 너희로 예수께서 하나님의 아들 그리스도 이심을 믿게 하려 함이요 또 너희로 믿고 그 이름을 힘입어 생명을 얻게 하려 함이니라

큐티 나눔 ☐   성경 통독 ☐

말씀을 사모하는 사람이 되라

사도행전 10:21-33

21 베드로가 내려가 그 사람들을 보고 이르되 내가 곧 너희가 찾는 사람인데 너희가 무슨 일로 왔느냐 22 그들이 대답하되 백부장 고넬료는 의인이요 하나님을 경외하는 사람이라 유대 온 족속이 칭찬하더니 그가 거룩한 천사의 지시를 받아 당신을 그 집으로 청하여 말을 들으려 하느니라 한대 23 베드로가 불러 들여 유숙하게 하니라 이튿날 일어나 그들과 함께 갈새 욥바에서 온 어떤 형제들도 함께 가니라 24 이튿날 가이사랴에 들어가니 고넬료가 그의 친척과 가까운 친구들을 모아 기다리더니 25 마침 베드로가 들어올 때에 고넬료가 맞아 발 앞에 엎드리어 절하니 26 베드로가 일으켜 이르되 일어서라 나도 사람이라 하고 27 더불어 말하며 들어가 여러 사람이 모인 것을 보고 28 이르되 유대인으로서 이방인과 교제하며 가까이 하는 것이 위법인 줄은 너희도 알거니와 하나님께서 내게 지시하사 아무도 속되다 하거나 깨끗하지 않다 하지 말라 하시기로 29 부름을 사양하지 아니하고 왔노라 묻노니 무슨 일로 나를 불렀느냐 30 고넬료가 이르되 내가 나흘 전 이맘때까지 내 집에서 제 구시 기도를 하는데 갑자기 한 사람이 빛난 옷을 입고 내 앞에 서서 31 말하되 고넬료야 하나님이 네 기도를 들으시고 네 구제를 기억하셨으니 32 사람을 욥바에 보내어 베드로라 하는 시몬을 청하라 그가 바닷가 무두장이 시몬의 집에 유숙하느니라 하시기로 33 내가 곧 당신에게 사람을 보내었는데 오셨으니 잘하였나이다 이제 우리는 주께서 당신에게 명하신 모든 것을 듣고자 하여 다 하나님 앞에 있나이다

묵상 질문

1. 베드로가 고넬료의 집에 도착했을 때, 고넬료는 베드로를 어떻게 기다리고 있었습니까? (24절) 이 사실은 어떤 교훈을 줍니까?

2. 고넬료는 베드로에게 자신들이 모인 이유가 무엇이라고 말합니까?(33절) 데살로니가 교회 성도들은 어떻게 말씀을 받았습니까?(살전 2:13)

3. 고넬료가 "우리는 주께서 당신에게 명하신 모든 것을 듣고자 하여 다 하나님 앞에 있나이다"(33절)라고 놀라운 고백을 한 이유는 무엇입니까?

1 최종 권위로서의 성경

하나님은 최종 권위를 가지신 분이시며, 모든 권위의 근원이십니다. 하나님의 말씀인 성경 역시 그리스도인의 삶에서 가장 큰 권위이자 최종 권위입니다. 성경의 권위는 성경에 있는 모든 말씀이 하나님의 말씀임을 의미합니다. 이 때문에 우리는 성경을 신뢰하고 따릅니다. 그런데 오늘날 수많은 사람과, 심지어 그리스도인조차 하나님의 말씀인 성경을 신뢰하지 않는 경우가 허다합니다. 그리스도인들은 하나님의 '자기 계시'로 주어진 신구약 성경을 최종적인 권위로 받아들이고, 그 하나님의 말씀을 경외하며, 이를 소망하는 마음으로 읽고 듣고 순종해야 합니다. 성경을 삶과 모든 신앙 문제의 판단 기준으로 삼아야 합니다.

성경의 저자

1) 성경을 기록한 사람들을 '성경 기자'라고 부릅니다. 성경은 이 기자들 40여 명이 1500년이 넘는 기간 동안 기록한 책입니다. 기록한 기자들은 왕과 선지자, 어부, 세리, 농부 등 다양한 직업을 가진 사람들이었습니다. 이렇게 다양한 기자들이 상당한 기간 차이를 두고 기록했음에도 성경에는 놀라운 통일성과 일관된 주제가 있습니다. 어떻게 이런 일이 가능합니까? 성경을 기록한 '원저자'가 있기 때문입니다. 그렇다면 성경의 원저자는 누구입니까? (딤후 3:16; 벧후 1:21)

딤후 3:16 _ 모든 성경은 하나님의 감동으로 된 것으로 교훈과 책망과 바르게 함과 의로 교육하기에 유익하니

벧후 1:21 _ 예언은 언제든지 사람의 뜻으로 낸 것이 아니요 오직 성령의 감동하심을 받은 사람들이 하나님께 받아 말한 것임이라

성경을 주신 목적

2) 성경의 원저자는 성령 하나님이십니다. 성경은 하나님이 인간에게 자신을 드러내 보이시는 사랑의 편지입니다. 하나님은 사랑이시기에 죄인인 인간에게 자신을 드러내고 알리기를 기뻐하십니다. 그렇다면 하나님이 우리에게 성경을 주신 목적과 이유는 무엇입니까? (요 5:39, 20:31; 딤후 3:15)

요 5:39 _ 너희가 성경에서 영생을 얻는 줄 생각하고 성경을 연구하거니와 이 성경이 곧 내게 대하여 증언하는 것이니라

요 20:31 _ 오직 이것을 기록함은 너희로 예수께서 하나님의 아들 그리스도이심을 믿게 하려 함이요 또 너희로 믿고 그 이름을 힘입어 생명을 얻게 하려 함이니라

딤후 3:15 _ 또 어려서부터 성경을 알았나니 성경은 능히 너로 하여금 그리스도 예수 안에 있는 믿음으로 말미암아 구원에 이르는 지혜가 있게 하느니라

성경의 확실성과 충족성

3) 성경은 하나님의 원대한 구원 계획과 성취를 보여 줍니다. 성경은 하나님에 대한 지식을 백과사전처럼 나열하지 않지만 우리가 구원받기에 필요한 모든 내용과 지식을 충분히 담고 있습니다(요 21:25). 하나님은 인류를 구원하시기 위해 성경에서 약속한 모든 언약을 반드시 성취하실 것입니다(마 5:18; 눅 21:32-33). 하나님의 말씀은 반드시 성취되며 우리가 구원받고 하나님을 알아 가는 데 모자람이 없습니다. 이 사실은 어떤 소망을 줍니까?

요 21:25 _ 예수께서 행하신 일이 이 외에도 많으니 만일 낱낱이 기록된다면 이 세상이라도 이 기록된 책을 두기에 부족할 줄 아노라

마 5:18 _ 진실로 너희에게 이르노니 천지가 없어지기 전에는 율법의 일점 일획도 결코 없어지지 아니하고 다 이루리라

눅 21:32-33 _ 32 내가 진실로 너희에게 말하노니 이 세대가 지나가기 전에 모든 일이 다 이루어지리라 33 천지는 없어지겠으나 내 말은 없어지지 아니하리라

4) 하나님의 말씀인 성경을 우리는 어떻게 깨닫고 이해할 수 있습니까?
(딤후 3:16; 벧후 1:21)

딤후 3:16 _ 모든 성경은 하나님의 감동으로 된 것으로 교훈과 책망과 바르게 함과
의로 교육하기에 유익하니

벧후 1:21 _ 예언은 언제든지 사람의 뜻으로 낸 것이 아니요 오직 성령의 감동하심을
받은 사람들이 하나님께 받아 말한 것임이라

> 성경은 살아서 나에게 말한다. 그것은 발이 있어서 나를 쫓아다
> 닌다. 그것은 손이 있어서 나를 붙잡는다. _마르틴 루터

2 성경을 통해 얻는 유익

그리스도인이 성경의 권위를 인정하고 따를 때 많은 유익이 있습니다.
하나님은 성경을 통해 말씀하시기 때문입니다. 그리스도인은 성경에서
하나님의 변함없는 사랑을 발견하고, 힘과 위로를 얻고, 상처와 아픔을
치유 받습니다. 또한 하나님의 인도하심을 받아 주님과 동행하는 삶을
살아갑니다.

성경이 주는 유익 1

1) 성경을 통해 생명 되신 예수 그리스도를 발견하고 구원에 이르는 지혜를 얻은 그리스도인은 본격적으로 말씀과 동행하며, 말씀이 주는 유익을 맛보게 됩니다. 다음 성경 구절은 하나님의 말씀으로 어떤 유익을 얻는다고 말씀합니까? (시 19:7-8, 37:31)

시 19:7-8 _ 7 여호와의 율법은 완전하여 영혼을 소성시키며 여호와의 증거는 확실하여 우둔한 자를 지혜롭게 하며 8 여호와의 교훈은 정직하여 마음을 기쁘게 하고 여호와의 계명은 순결하여 눈을 밝게 하시도다

시 37:31 _ 그의 마음에는 하나님의 법이 있으니 그의 걸음은 실족함이 없으리로다

성경이 주는 유익 2

2) 바울은 영적 아들인 디모데에게 여러 권면을 하면서 성경이 주는 유익을 어떻게 가르칩니까? (딤후 3:16-17) 또한 히브리서 기자는 성경이 주는 유익을 어떻게 말씀합니까? (히 4:12)

딤후 3:16-17 _ 16 모든 성경은 하나님의 감동으로 된 것으로 교훈과 책망과 바르게 함과 의로 교육하기에 유익하니 17 이는 하나님의 사람으로 온전하게 하며 모든 선한 일을 행할 능력을 갖추게 하려 함이라

히 4:12 _ 하나님의 말씀은 살아 있고 활력이 있어 좌우에 날선 어떤 검보다도 예리하여 혼과 영과 및 관절과 골수를 찔러 쪼개기까지 하며 또 마음의 생각과 뜻을 판단하나니

성경이 주는 유익 3

3) 다음 성경 말씀을 통해 누리게 되는 말씀의 유익은 무엇입니까? (시 119:9; 엡 6:17; 골 3:16)

시 119:9 _ 청년이 무엇으로 그의 행실을 깨끗하게 하리이까 주의 말씀만 지킬 따름이니이다
엡 6:17 _ 구원의 투구와 성령의 검 곧 하나님의 말씀을 가지라
골 3:16 _ 그리스도의 말씀이 너희 속에 풍성히 거하여 모든 지혜로 피차 가르치며 권면하고 시와 찬송과 신령한 노래를 부르며 감사하는 마음으로 하나님을 찬양하고

말씀을 가까이하는 인생

4) 하나님의 말씀을 가까이하는 인생은 결국 어떻게 됩니까? 하나님은 이런 사람을 어떻게 평가하십니까? (시 1:1-3; 계 1:3)

시 1:1-3 _ 1 복 있는 사람은 악인들의 꾀를 따르지 아니하며 죄인들의 길에 서지 아니하며 오만한 자들의 자리에 앉지 아니하고 2 오직 여호와의 율법을 즐거워하여

그의 율법을 주야로 묵상하는도다 3 그는 시냇가에 심은 나무가 철을 따라 열매를 맺으며 그 잎사귀가 마르지 아니함 같으니 그가 하는 모든 일이 다 형통하리로다

계 1:3 _ 이 예언의 말씀을 읽는 자와 듣는 자와 그 가운데에 기록한 것을 지키는 자는 복이 있나니 때가 가까움이라

3 성경을 대하는 성도의 자세

하나님의 말씀을 권위로 인정하는 사람은 성경을 대하는 자세가 다를 수밖에 없습니다. 그뿐만 아니라 성경을 계속 읽고 묵상하면서 말씀이 주는 유익을 맛보기 시작하면, 말씀과 동행하는 삶은 이제 이론이 아니라 실제가 됩니다. 이런 영적 선순환이 있을 때 말씀은 삶에서 실제적인 하나님의 능력이 됩니다.

말씀을 붙잡는 자세 1

1) 예수님은 광야에서 말씀으로 마귀의 시험을 이기셨습니다. 또한 여호수아는 모세를 이어 이스라엘 지도자가 되었을 때, 하나님의 음성을 들었습니다. 이를 토대로 보면, 그리스도인은 하나님의 말씀을 어떻게 붙잡아야 합니까? (수 1:8; 마 4:4)

수 1:8 _ 이 율법책을 네 입에서 떠나지 말게 하며 주야로 그것을 묵상하여 그 안에 기록된 대로 다 지켜 행하라 그리하면 네 길이 평탄하게 될 것이며 네가 형통하리라

마 4:4 _ 예수께서 대답하여 이르시되 기록되었으되 사람이 떡으로만 살 것이 아니요 하나님의 입으로부터 나오는 모든 말씀으로 살 것이라 하였느니라 하시니

2) 다음 말씀은 성도가 어떤 태도로 말씀을 대해야 한다고 말합니까? (시 19:10; 행 17:11; 살전 2:13)

_____

_____

_____

시 19:10 _ 금 곧 많은 순금보다 더 사모할 것이며 꿀과 송이꿀보다 더 달도다

행 17:11 _ 베뢰아에 있는 사람들은 데살로니가에 있는 사람들보다 더 너그러워서 간절한 마음으로 말씀을 받고 이것이 그러한가 하여 날마다 성경을 상고하므로

살전 2:13 _ 이러므로 우리가 하나님께 끊임없이 감사함은 너희가 우리에게 들은 바 하나님의 말씀을 받을 때에 사람의 말로 받지 아니하고 하나님의 말씀으로 받음이니 진실로 그러하도다 이 말씀이 또한 너희 믿는 자 가운데에서 역사하느니라

3) 성도는 성경을 사람의 말이 아니라 하나님의 말씀으로 여겨야 합니다. 그리하여 이 말씀을 사모하는 마음으로 간절하게 대해야 합니다. 성경은 여기에서 더 나아가 어떤 자세로 말씀을 실천하라고 명령합니까? (약 1:22-25; 계 10:10)

_____

_____

_____

약 1:22-25 _ 22 너희는 말씀을 행하는 자가 되고 듣기만 하여 자신을 속이는 자가 되지 말라 23 누구든지 말씀을 듣고 행하지 아니하면 그는 거울로 자기의 생긴 얼굴을 보는 사람과 같아서 24 제 자신을 보고 가서 그 모습이 어떠했는지를 곧 잊어

버리거니와 25 자유롭게 하는 온전한 율법을 들여다보고 있는 자는 듣고 잊어버리는 자가 아니요 실천하는 자니 이 사람은 그 행하는 일에 복을 받으리라

계 10:10 _ 내가 천사의 손에서 작은 두루마리를 갖다 먹어 버리니 내 입에는 꿀 같이 다나 먹은 후에 내 배에서는 쓰게 되더라

말씀을 듣는 태도 점검

4) 당신은 하나님의 말씀을 어떤 태도로 대합니까? 어떻게 성경을 묵상하고 이에 반응하는지, 어떤 태도로 설교 말씀을 대하는지 나누어 봅시다.

성부 하나님은 성경을 주시는 분이다. 성자 하나님은 성경의 주제이시다. 성령 하나님은 성경의 저자이자 입증자, 해석자이시다. _ J. I. 패커

1. 성경의 권위는 어디에 기초합니까? 이를 인정하고 이해하는 것이 왜 중요
한지 나누어 봅시다.

2. 하나님의 말씀인 성경을 대하면서 지금까지 어떤 유익을 누렸습니까? 새
롭게 깨달은 유익이 있다면 나누어 봅시다.

3. 하나님의 말씀이 내 삶을 통과해 삶의 일부가 된다는 말은 무엇을 의미합
니까? 내게도 그런 경험이 있다면 나누어 봅시다.

과제 준비하기

성경 암송 ☐

렘 33:3 _ 너는 내게 부르짖으라 내가 네게 응답하겠고 네가 알지 못하는 크고 은밀한 일을 네게 보이리라

마 7:7-8 _ 7 구하라 그리하면 너희에게 주실 것이요 찾으라 그리하면 찾아낼 것이요 문을 두드리라 그리하면 너희에게 열릴 것이니 8 구하는 이마다 받을 것이요 찾는 이는 찾아낼 것이요 두드리는 이에게는 열릴 것이니라

큐티 나눔 ☐   **성경 통독** ☐

memo

"무릎으로 승부하라"

기도는 하나님의 자녀만이 누릴 수 있는 특권이다.
당신은 이 특권을 얼마나 사용하는가?

여섯 번째 동행 기도

♬ 은혜의 찬양 159장 | 우리 함께 기도해

성경은 하나님이 인간에게 주신 최고의 선물이며, 성도의 삶에서 최종 권위를 갖습니다. 성경은 성도에게 영원한 생명이신 예수 그리스도를 알게 하며 구원에 이르는 지혜를 줍니다. 또한 하나님과 동행하는 삶에 필요한 모든 지혜와 유익함을 제공합니다. 그러므로 성도는 성경을 사랑하고, 주야로 묵상하며, 순종의 자리로 나아가야 합니다.

이와 같이 성경을 가까이하면 하나님 말씀은 우리가 하나님과 바른 관계를 맺고, 올바르게 기도하도록 안내합니다. 기도는 하나님과 우리가 아버지와 자녀 관계임을 알려 주는 중요한 통로입니다. 무엇보다 기도는 하나님의 자녀만이 누리는 특권입니다. 그리스도인은 기도로 하나님과 깊이 교제할 수 있고, 하나님의 뜻에 순종할 힘과 지혜를 얻습니다.

💬 지난 여정 나누기

1. 지난 주일 설교 말씀을 듣고 한 주 동안 어떤 삶의 변화를 체험했습니까? 하나님의 말씀을 붙드는 삶이 무엇을 뜻하는지 나누어 봅시다.

2. 인생에서 가장 열심히 기도했을 때는 언제입니까? 지난 한 주 동안 기도한 시간을 떠올려 보고, 어떤 기도를 가장 많이 했는지 살펴봅시다.

📝 과제 점검하기

성경 암송 ☐

렘 33:3 _ 너는 내게 부르짖으라 내가 네게 응답하겠고 네가 알지 못하는 크고 은밀한 일을 네게 보이리라

마 7:7-8 _ 7 구하라 그리하면 너희에게 주실 것이요 찾으라 그리하면 찾아낼 것이요 문을 두드리라 그리하면 너희에게 열릴 것이니 8 구하는 이마다 받을 것이요 찾는 이는 찾아낼 것이요 두드리는 이에게는 열릴 것이니라

큐티 나눔 ☐   성경 통독 ☐

나를 구하면 만나리라

예레미야 29:12-14

12 너희가 내게 부르짖으며 내게 와서 기도하면 내가 너희들의 기도를 들을 것이요 13 너희가 온 마음으로 나를 구하면 나를 찾을 것이요 나를 만나리라 14 이것은 여호와의 말씀이니라 나는 너희들을 만날 것이며 너희를 포로된 중에서 다시 돌아오게 하되 내가 쫓아보내었던 나라들과 모든 곳에서 모아 사로잡혀 떠났던 그 곳으로 돌아오게 하리라 이것은 여호와의 말씀이니라

 묵상 질문

1. 왜 하나님은 평안과 미래와 희망을 약속하시며 부르짖어 기도하라고 말씀하셨습니까? (12절)

2. 하나님은 온 마음으로 하나님을 구하라고 말씀하셨습니다 (13절). 이 말씀은 어떤 의미입니까? (시 119:113; 약 1:6-8)

3. "나를 구하면 … 나를 만나리라"라는 말씀에서 '나를 만난다'는 말씀은 무슨 뜻입니까? (13절)

_____

_____

1 기도는 특권이자 명령이다

많은 사람이 기도를 부담스러워하거나 불편하게 생각합니다. 어떤 사람은 기도를 육체의 욕망을 끊고 새로운 깨달음을 얻기 위해 수행하는 종교적 행위로 여깁니다. 또 어떤 사람은 자신이 기도할 만한 자격이나 가치가 없다고 생각하기도 합니다. 그러나 기도는 하나님의 자녀가 누리는 영광스러운 특권이자 하나님의 분명한 명령입니다. 하나님은 우리가 기도하기를 원하실 뿐만 아니라, 기도에 응답하시는 분입니다. 하나님은 기도 가운데 우리와 대화를 계속 이어 나가기를 기대하십니다.

기도란 무엇인가?

1) 기도는 유한한 인간이 영원하신 하나님과 연결되어 관계를 지속해 가는 중요한 방법 중 하나입니다. 성경은 기도를 어떻게 묘사합니까? (시 27:4 ; 히 4:16)

_____

_____

_____

시 27:4 _ 내가 여호와께 바라는 한 가지 일 그것을 구하리니 곧 내가 내 평생에 여호와의 집에 살면서 여호와의 아름다움을 바라보며 그의 성전에서 사모하는 그것이라히 4:16 _ 그러므로 우리는 긍휼하심을 받고 때를 따라 돕는 은혜를 얻기 위하여 은혜의 보좌 앞에 담대히 나아갈 것이니라

예수님은 어떻게 기도하셨나?

2) 예수님은 이 땅에 인간의 몸을 입고 오셔서 성부 하나님과 지속적인 교제를 나누셨고, 친히 기도의 모범을 보여 주셨습니다. 그렇다면 예수님은 이 땅에서 어떻게 기도하셨습니까? (마 14:23; 막 1:35; 눅 22:44; 히 5:7)

마 14:23 _ 무리를 보내신 후에 기도하러 따로 산에 올라가시니라 저물매 거기 혼자 계시더니

막 1:35 _ 새벽 아직도 밝기 전에 예수께서 일어나 나가 한적한 곳으로 가사 거기서 기도하시더니

눅 22:44 _ 예수께서 힘쓰고 애써 더욱 간절히 기도하시니 땀이 땅에 떨어지는 핏방울 같이 되더라

히 5:7 _ 그는 육체에 계실 때에 자기를 죽음에서 능히 구원하실 이에게 심한 통곡과 눈물로 간구와 소원을 올렸고 그의 경건하심으로 말미암아 들으심을 얻었느니라

기도는 특권이다

3) 예수님은 우리에게 기도의 모범을 친히 보여 주셨습니다. 또한 하나님의 자녀가 누리는 기도의 특권에 대해 말씀해 주셨습니다. 기도는 왜 하나님의 자녀에게 특권입니까? (시 62:8; 요 16:23-24; 약 4:7)

시 62:8 _ 백성들아 시시로 그를 의지하고 그의 앞에 마음을 토하라 하나님은 우리의 피난처시로다 (셀라)

요 16:23-24 _ 23 그 날에는 너희가 아무것도 내게 묻지 아니하리라 내가 진실로 진실로 너희에게 이르노니 너희가 무엇이든지 아버지께 구하는 것을 내 이름으로 주시리라 24 지금까지는 너희가 내 이름으로 아무것도 구하지 아니하였으나 구하라 그리하면 받으리니 너희 기쁨이 충만하리라

약 4:7 _ 그런즉 너희는 하나님께 복종할지어다 마귀를 대적하라 그리하면 너희를 피하리라

기도는 명령이다

4) 기도는 특권인 동시에 하나님의 명령입니다. 하나님이 기도와 관련해 우리에게 주신 명령은 무엇입니까?(렘 33:3; 빌 4:6-7; 벧전 4:7)

렘 33:3 _ 너는 내게 부르짖으라 내가 네게 응답하겠고 네가 알지 못하는 크고 은밀한 일을 네게 보이리라

빌 4:6-7 _ 6 아무 것도 염려하지 말고 다만 모든 일에 기도와 간구로, 너희 구할 것을 감사함으로 하나님께 아뢰라 7 그리하면 모든 지각에 뛰어난 하나님의 평강이 그리스도 예수 안에서 너희 마음과 생각을 지키시리라

벧전 4:7 _ 만물의 마지막이 가까이 왔으니 그러므로 너희는 정신을 차리고 근신하여 기도하라

기도는 내 삶에서 가장 중요한 것이다. 단 하루라도 기도를 소홀히 한다면 나는 믿음의 많은 부분을 잃어버리게 될 것이다.

_마르틴 루터

성도는 다양한 모습으로 하나님께 기도합니다. 골방에서 홀로 하는 기도가 있는가 하면, 함께 모여서 하는 기도도 있습니다. 조용히 묵상으로 하는 기도가 있는가 하면, 큰 소리로 부르짖는 기도도 있습니다. 기도의 자리에서 성도는 이렇게 여러 모양으로 하나님의 임재 앞으로 나아갑니다. 성도의 신앙생활에는 이런 다양한 모습의 기도가 모두 필요합니다. 그러나 이보다 더 중요한 게 있습니다. 바로 기도의 내용입니다. 그리스도인이 마땅히 기도해야 할 내용은 무엇입니까? 하나님은 성도가 무엇을 위해 기도할 때 기뻐하십니까?

기도의 출발 – 찬양과 감사

1) 기도는 그 대상인 하나님께 초점을 맞추는 것이 시작입니다. 이것은 하나님의 성품에 집중하고, 하나님이 행하신 위대한 일들을 인정하는 것입니다. 하나님의 존재와 행하심에 시선을 고정하면 그리스도인은 어떤 기도를 드리게 됩니까? (대상 29:11; 시 23:1, 136:1)

_____

_____

_____

대상 29:11 _ 여호와여 위대하심과 권능과 영광과 승리와 위엄이 다 주께 속하였사오니 천지에 있는 것이 다 주의 것이로소이다 여호와여 주권도 주께 속하였사오니 주는 높으사 만물의 머리이심이니이다

시 23:1 _ 여호와는 나의 목자시니 내게 부족함이 없으리로다

시 136:1 _ 여호와께 감사하라 그는 선하시며 그 인자하심이 영원함이로다

2) 거룩하고 영원하신 하나님을 묵상하고 찬양할수록 우리는 우리 자신의 연약함을 깨닫고 자신 안에 있는 쓴 뿌리와 죄악을 발견하게 됩니다. 그리스도인은 하나님을 찬양하고 감사하는 기도를 드려야 합니다. 그리고 또 어떤 기도를 드려야 합니까? (시 32:5, 51:4; 요일 1:9)

시 32:5 _ 내가 이르기를 내 허물을 여호와께 자복하리라 하고 주께 내 죄를 아뢰고 내 죄악을 숨기지 아니하였더니 곧 주께서 내 죄악을 사하셨나이다 (셀라)

시 51:4 _ 내가 주께만 범죄하여 주의 목전에 악을 행하였사오니 주께서 말씀하실 때에 의로우시다 하고 주께서 심판하실 때에 순전하시다 하리이다

요일 1:9 _ 만일 우리가 우리 죄를 자백하면 그는 미쁘시고 의로우사 우리 죄를 사하시며 우리를 모든 불의에서 깨끗하게 하실 것이요

기도의 넓이 – 간구와 중보

3) 기도하는 중에 하나님의 긍휼과 자비를 맛보고 용납하심을 경험한 성도는 내면이 변화하고, 하나님과의 친밀함을 느끼게 됩니다. 그럴 때 우리의 기도는 더욱 풍성해집니다. 성경에는 또한 어떤 기도의 모습이 나옵니까? (삼상 12:23; 딤전 2:1-2; 약 4:2-3)

삼상 12:23 _ 나는 너희를 위하여 기도하기를 쉬는 죄를 여호와 앞에 결단코 범하지 아니하고 선하고 의로운 길을 너희에게 가르칠 것인즉

딤전 2:1-2 _ 1 그러므로 내가 첫째로 권하노니 모든 사람을 위하여 간구와 기도와 도고와 감사를 하되 2 임금들과 높은 지위에 있는 모든 사람을 위하여 하라 이는 우리가 모든 경건과 단정함으로 고요하고 평안한 생활을 하려 함이라

약 4:2-3 _ 2 너희는 욕심을 내어도 얻지 못하여 살인하며 시기하여도 능히 취하지 못하므로 다투고 싸우는도다 너희가 얻지 못함은 구하지 아니하기 때문이요 3 구하여도 받지 못함은 정욕으로 쓰려고 잘못 구하기 때문이라

기도의 모범 – 주기도문

4) 우리는 기도의 내용을 생각할 때 주기도문을 빠뜨릴 수 없습니다. 예수님은 제자들에게 기도를 가르쳐 주시며 "너희는 이렇게 기도하라"라고 말씀하셨습니다. 주기도문 내용을 묵상하면서 내 기도와 어떤 차이가 있는지 생각해 봅시다.

마 6:9-13 _ 9 그러므로 너희는 이렇게 기도하라 하늘에 계신 우리 아버지여 이름이 거룩히 여김을 받으시오며 10 나라가 임하시오며 뜻이 하늘에서 이루어진 것 같이 땅에서도 이루어지이다 11 오늘 우리에게 일용할 양식을 주시옵고 12 우리가 우리에게 죄 지은 자를 사하여 준 것 같이 우리 죄를 사하여 주시옵고 13 우리를 시험에 들게 하지 마시옵고 다만 악에서 구하시옵소서 (나라와 권세와 영광이 아버지께 영원히 있사옵나이다 아멘)

3 응답받는 기도의 특징(어떻게 기도할 것인가)

하나님은 자녀에게 좋은 것을 주기를 원하는 선하신 아버지입니다. 하나님은 기도할 때마다 우리가 원하는 대로 응답하는 요술 램프 '지니'와 같은 분이 결코 아닙니다. 하나님은 자신이 기뻐하는 뜻대로 응답하시며, 우리는 그 뜻이 항상 선하다는 것을 인정해야 합니다. 그렇다면 그

리스도인은 하나님의 선하심 안에서 어떻게 기도해야 할지 함께 생각해 봅시다.

하나님은 자녀의 기도를 원하신다

1) 하나님은 구하지 않아도 우리에게 무엇이 필요한지 다 알고 계십니다. 그럼에도 하나님은 자녀에게 무엇을 요청하십니까? (렘 33:3; 마 7:7-8; 눅 18:7)

_____

_____

렘 33:3 _ 너는 내게 부르짖으라 내가 네게 응답하겠고 네가 알지 못하는 크고 은밀한 일을 네게 보이리라

마 7:7-8 _ 7 구하라 그리하면 너희에게 주실 것이요 찾으라 그리하면 찾아낼 것이요 문을 두드리라 그리하면 너희에게 열릴 것이니 8 구하는 이마다 받을 것이요 찾는 이는 찾아낼 것이요 두드리는 이에게는 열릴 것이니라

눅 18:7 _ 하물며 하나님께서 그 밤낮 부르짖는 택하신 자들의 원한을 풀어 주지 아니하시겠느냐 그들에게 오래 참으시겠느냐

기도의 대상이 중요하다

2) 기도는 내용보다 대상이 중요합니다. 기도를 받으시는 분이 살아 계시며 전능하신 하나님 아버지라는 사실을 믿어야 합니다. 하나님의 성품을 신뢰하며 관계 안에서 기도하는 방법이 무엇인지 생각해 봅시다 (마 7:11; 요 15:7).

_____

_____

마 7:11 _ 너희가 악한 자라도 좋은 것으로 자식에게 줄 줄 알거든 하물며 하늘에 계신 너희 아버지께서 구하는 자에게 좋은 것으로 주시지 않겠느냐

요 15:7 _ 너희가 내 안에 거하고 내 말이 너희 안에 거하면 무엇이든지 원하는 대로 구하라 그리하면 이루리라

어떻게 기도할 것인가?

3) 하나님은 우리가 어떤 태도와 자세로 기도해야 하는지, 또 어떻게 기도할 때 응답해 주시는지 알려 주십니다. 다음 성경 구절들은 어떻게 기도하라고 말씀합니까? (마 26:39; 행 1:14; 살전 5:17; 약 1:6-7)

마 26:39 _ 조금 나아가사 얼굴을 땅에 대시고 엎드려 기도하여 이르시되 내 아버지여 만일 할 만하시거든 이 잔을 내게서 지나가게 하옵소서 그러나 나의 원대로 마시옵고 아버지의 원대로 하옵소서 하시고

행 1:14 _ 여자들과 예수의 어머니 마리아와 예수의 아우들과 더불어 마음을 같이하여 오로지 기도에 힘쓰더라

살전 5:17 _ 쉬지 말고 기도하라

약 1:6-7 _ 6 오직 믿음으로 구하고 조금도 의심하지 말라 의심하는 자는 마치 바람에 밀려 요동하는 바다 물결 같으니 7 이런 사람은 무엇이든지 주께 얻기를 생각하지 말라

계속 기도하라. 그리고 하나님의 응답이 당신의 기도보다 더 지혜로움에 감사하라! _윌리엄 컬버트슨

새로운 여정을 향해

1. 이 과를 공부하고 기도에 대한 생각과 태도가 바뀐 것이 있다면 나누어
   봅시다.

2. 지금까지 나는 주로 무엇을 위해 기도했습니까? 하나님께 새롭게 드리고
   싶은 기도의 내용은 무엇입니까?

3. 내가 원하는 기도 응답을 받지 못해 하나님께 실망한 적은 없습니까? 하
   나님이 내 기도에 응답하지 않으실 때도 그분을 신뢰하려면 어떻게 해야
   합니까?

과제 준비하기

성경 암송 ☐

요 4:24 _ 하나님은 영이시니 예배하는 자가 영과 진리로 예배할지니라

롬 12:1 _ 그러므로 형제들아 내가 하나님의 모든 자비하심으로 너희를 권하노니 너희 몸을 하나님이 기뻐하시는 거룩한 산 제물로 드리라 이는 너희가 드릴 영적 예배니라

큐티 나눔 ☐   **성경 통독** ☐

"예배를 회복하라"

하나님이 임재하시는 예배는 우리 삶을 지탱해 준다.
당신은 예배를 통해 이러한 능력을 맛보고 있는가?

일곱 번째 동행 **예배**

 ♬ 나는 예배자입니다

　　　그리스도인이 누려야 할 특권이자 하나님의 명령인 기
도에 대해 살펴보았습니다. 성도는 기도를 통해 하나님과 깊은 관계를
맺고, 하나님께 순종할 힘을 얻습니다. 이렇게 하나님께 기도하며 그분
과 친밀한 관계를 형성하게 된 성도는 언제나 하나님과의 만남을 사모
하며 살아가게 됩니다. 하나님과의 감격적인 만남을 '예배'라 부릅니다.

　하나님은 예배하는 성도에게 임재하십니다. 성도는 하나님을 찬양하
고 경배하는 가운데 하나님이 주시는 참된 평안을 누립니다. 그런데 오
늘날 많은 성도가 예배의 감격을 누리지 못한 채 형식적인 신앙생활을
이어 갑니다. 그렇기에 성도는 하나님의 임재가 있는 예배를 통해 그분
과 인격적인 교제를 나누며, 영혼의 목마름을 해갈해야 합니다.

1. 지난 한 주 동안의 기도생활을 돌아보고, 좋았던 점과 힘들었던 점은 무엇이었는지 나누어 봅시다.

_____

_____

_____

2. 신앙생활을 하면서 가장 기억에 남는 예배가 있다면 나누어 봅시다.

_____

_____

_____

_____

_____

✍ 과제 점검하기

성경 암송 ☐

요 4:24 _ 하나님은 영이시니 예배하는 자가 영과 진리로 예배할지니라

롬 12:1 _ 그러므로 형제들아 내가 하나님의 모든 자비하심으로 너희를 권하노니 너희 몸을 하나님이 기뻐하시는 거룩한 산 제물로 드리라 이는 너희가 드릴 영적 예배니라

큐티 나눔 ☐   성경 통독 ☐

 **말씀 산책**

예배를 회복하라

요한복음 4:23-24

23 아버지께 참되게 예배하는 자들은 영과 진리로 예배할 때가 오나니 곧 이 때라 아버지
께서는 자기에게 이렇게 예배하는 자들을 찾으시느니라 24 하나님은 영이시니 예배하는
자가 영과 진리로 예배할지니라

느헤미야 3:1

1 그 때에 대제사장 엘리아십이 그의 형제 제사장들과 함께 일어나 양문을 건축하여 성별
하고 문짝을 달고 또 성벽을 건축하여 함메아 망대에서부터 하나넬 망대까지 성별하였고

묵상 질문

1. 하나님이 찾으시는 사람은 어떤 사람입니까? 하나님은 왜 그런 사람을 찾
   으십니까? (23절)

2. '영과 진리로 예배를 드린다'는 말씀에서 영으로 드리는 예배는 무엇을 뜻합니까? (23-24절) 왜 사마리아 여인은 예배하는 곳에 대해 물었을까요? (20절)

3. 바로가 예배를 방해하려고 유혹한 것들은 무엇입니까? 바로의 유혹을 이겨 내기 위한 당신의 전략은 무엇입니까?

① 출 8:25b

② 출 8:28b

③ 출 10:11a

④ 출 10:24a

1 예배는 무엇인가

예배는 살아 계신 하나님과의 만남입니다. 살아 계신 하나님과 만나 최상의 경배를 드리는 것입니다. 예배를 통하여 하나님을 만나면 무너진 삶의 모든 영역이 회복되는 은혜를 경험합니다. 인생에 당면한 모든 문제의 해답이 주님 손에 있기 때문입니다. 하나님과 대면하는 거룩한 만남에는 항상 풍성한 누림이 있고, 그에 따라 성도는 주님께 거룩한 드림을 실천하게 됩니다.

예배는 만남이다

1) 예배는 하나님의 가장 큰 관심사입니다. 성경에는 예배에 대한 많은 가르침과 예배자들의 모습이 등장합니다. 다음 구절에서 발견할 수 있는 예배의 중요한 요소는 무엇입니까? (레 10:3; 삼상 7:9; 대상 16:29)

레 10:3 _ 모세가 아론에게 이르되 이는 여호와의 말씀이라 이르시기를 나는 나를 가까이 하는 자 중에서 내 거룩함을 나타내겠고 온 백성 앞에서 내 영광을 나타내리라 하셨느니라 아론이 잠잠하니

삼상 7:9 _ 사무엘이 젖 먹는 어린 양 하나를 가져다가 온전한 번제를 여호와께 드리고 이스라엘을 위하여 여호와께 부르짖으매 여호와께서 응답하셨더라

대상 16:29 _ 여호와의 이름에 합당한 영광을 그에게 돌릴지어다 제물을 들고 그 앞에 들어갈지어다 아름답고 거룩한 것으로 여호와께 경배할지어다

예배의 태도와 자세

2) 성도는 예배에서 거룩하신 하나님을 만나야 합니다. 이 만남은 예배의 대상인 하나님께 집중할 때 이루어집니다. 그렇다면 하나님을 예배할 때 어떤 태도와 자세로 나아가야 합니까? (시 51:17; 마 15:8-9; 요 4:24)

시 51:17 _ 하나님께서 구하시는 제사는 상한 심령이라 하나님이여 상하고 통회하는 마음을 주께서 멸시하지 아니하시리이다

마 15:8-9 _ 8 이 백성이 입술로는 나를 공경하되 마음은 내게서 멀도다 9 사람의 계명으로 교훈을 삼아 가르치니 나를 헛되이 경배하는도다 하였느니라 하시고

요 4:24 _ 하나님은 영이시니 예배하는 자가 영과 진리로 예배할지니라

예배의 유익

3) 마음의 중심을 다해 드리는 예배는 하나님을 기쁘시게 할 뿐 아니라 예배자에게도 풍성한 축복을 가져다줍니다. 예배를 통해 하나님과 만난 성도에게는 어떤 유익이 있습니까? (출 20:24; 암 5:4; 요 8:32; 고후 3:17)

출 20:24 _ 내게 토단을 쌓고 그 위에 네 양과 소로 네 번제와 화목제를 드리라 내가 내 이름을 기념하게 하는 모든 곳에서 네게 임하여 복을 주리라

암 5:4 _ 여호와께서 이스라엘 족속에게 이와 같이 말씀하시기를 너희는 나를 찾으라 그리하면 살리라

요 8:32 _ 진리를 알지니 진리가 너희를 자유롭게 하리라

고후 3:17 _ 주는 영이시니 주의 영이 계신 곳에는 자유가 있느니라

하나님을 예배한다는 것은 그분이 우리를 창조하신 목적을 인식하는 것이다. _허버트 카슨

2 예배와 삶

하나님은 영과 진리로 예배하는 사람을 찾으십니다. 그래서 예수님은 예배 장소에 관심을 보이고 질문하는 사마리아 여인에게 이렇게 말씀하셨습니다. "하나님은 영이시니 예배하는 자가 영과 진리로 예배할지니라"(요 4:24). 예수님의 말씀에서 참된 예배는 '어디에서 예배하는가'가 아니라 '누구에게, 어떻게 예배하는가'에 달렸음을 알 수 있습니다.

하나님이 원하시는 삶의 예배

1) 하나님이 원하시는 예배는 형식과 장소에 얽매이는 것이 아니라, 성도의 중심에서 우러나오는 삶의 예배입니다. 그렇다면 하나님이 원하시는 삶의 예배는 무엇입니까? (창 4:4-5; 마 23:23; 롬 12:1; 고전 10:31)

창 4:4-5 _ 4 아벨은 자기도 양의 첫 새끼와 그 기름으로 드렸더니 여호와께서 아벨과 그의 제물은 받으셨으나 5 가인과 그의 제물은 받지 아니하신지라 가인이 몹시 분하여 안색이 변하니

마 23:23 _ 화 있을진저 외식하는 서기관들과 바리새인들이여 너희가 박하와 회향과 근채의 십일조는 드리되 율법의 더 중한 바 정의와 긍휼과 믿음은 버렸도다 그러나 이것도 행하고 저것도 버리지 말아야 할지니라

롬 12:1 _ 그러므로 형제들아 내가 하나님의 모든 자비하심으로 너희를 권하노니 너희 몸을 하나님이 기뻐하시는 거룩한 산 제물로 드리라 이는 너희가 드릴 영적 예배니라

고전 10:31 _ 그런즉 너희가 먹든지 마시든지 무엇을 하든지 다 하나님의 영광을 위하여 하라

2) 성도는 자신의 몸을 하나님 앞에 거룩한 산 제물로 드려야 합니다. 이
   것이 삶의 예배입니다. 성도의 삶이 예배가 되어야 하는 중요한 이유
   는 무엇입니까? (고전 6:19-20; 고후 6:16)

고전 6:19-20 _ 19 너희 몸은 너희가 하나님께로부터 받은 바 너희 가운데 계신 성
령의 전인 줄을 알지 못하느냐 너희는 너희 자신의 것이 아니라 20 값으로 산 것이
되었으니 그런즉 너희 몸으로 하나님께 영광을 돌리라
고후 6:16 _ 하나님의 성전과 우상이 어찌 일치가 되리요 우리는 살아 계신 하나님
의 성전이라 이와 같이 하나님께서 이르시되 내가 그들 가운데 거하며 두루 행하여
나는 그들의 하나님이 되고 그들은 나의 백성이 되리라

삶의 예배를 어떻게 드릴까?

3) 성전은 하나님을 예배하는 장소입니다. 그러므로 하나님의 성전으
   로 세워진 성도는 하나님의 영광을 위해 삶으로 예배를 드려야 합니
   다. 성전 된 그리스도인은 어떻게 삶의 예배를 드려야 합니까? (삼상
   15:22; 미 6:8; 히 13:16)

삼상 15:22 _ 사무엘이 이르되 여호와께서 번제와 다른 제사를 그의 목소리를 청종하는 것을 좋아하심 같이 좋아하시겠나이까 순종이 제사보다 낫고 듣는 것이 숫양의 기름보다 나으니

미 6:8 _ 사람아 주께서 선한 것이 무엇임을 네게 보이셨나니 여호와께서 네게 구하시는 것은 오직 정의를 행하며 인자를 사랑하며 겸손하게 네 하나님과 함께 행하는 것이 아니냐

히 13:16 _ 오직 선을 행함과 서로 나누어 주기를 잊지 말라 하나님은 이같은 제사를 기뻐하시느니라

자신의 예배 점검

4) 거룩한 성전으로 세워진 성도는 하나님께 전부를 드리는 삶의 예배를 드려야 합니다. 나는 지금 삶의 예배를 어떻게 드리고 있는지 나누어 봅시다.

_____

_____

_____

_____

3 예배와 공동체

하나님의 성전으로 세워진 성도는 언제나 하나님께 영광을 돌리는 예배자가 되어야 합니다. 더 나아가 하나님을 예배하는 성도는 개별적인 존재가 아니라 하늘에 시민권을 둔 하나님의 권속이요, 유기적인 관계를 맺어 한 몸을 이룬 공동체가 되었다는 사실을 잊지 말아야 합니다. 하나님을 예배할 때 우리는 그리스도를 머리로 한 몸에 연결된 지체이며, 주안에서 한 가족임을 확인하게 됩니다.

예배와 공동체

1) 하나님은 믿음을 가진 성도를 모아 한 공동체를 이루셨습니다. 이 공동체는 무엇이며, 이를 통해 하나님은 무엇을 이루어 가십니까? (롬 12:5; 고전 12:27; 엡 2:19-22, 4:4)

롬 12:5 _ 이와 같이 우리 많은 사람이 그리스도 안에서 한 몸이 되어 서로 지체가 되었느니라

고전 12:27 _ 너희는 그리스도의 몸이요 지체의 각 부분이라

엡 2:19-22 _ 19 그러므로 이제부터 너희는 외인도 아니요 나그네도 아니요 오직 성도들과 동일한 시민이요 하나님의 권속이라 20 너희는 사도들과 선지자들의 터 위에 세우심을 입은 자라 그리스도 예수께서 친히 모퉁잇돌이 되셨느니라 21 그의 안에서 건물마다 서로 연결하여 주 안에서 성전이 되어 가고 22 너희도 성령 안에서 하나님이 거하실 처소가 되기 위해 그리스도 예수 안에서 함께 지어져 가느니라

엡 4:4 _ 몸이 하나요 성령도 한 분이시니 이와 같이 너희가 부르심의 한 소망 안에서 부르심을 받았느니라

예배 공동체의 모습

2) 하나님은 예배하는 공동체인 교회를 통해 거룩한 계획을 이루어 가십니다. 이 계획을 이루기 위해 성도는 무엇을 해야 합니까? (행 2:46-47, 4:32; 살전 5:11; 히 10:25)

행 2:46-47 _ 46 날마다 마음을 같이하여 성전에 모이기를 힘쓰고 집에서 떡을 떼며 기쁨과 순전한 마음으로 음식을 먹고 47 하나님을 찬미하며 또 온 백성에게 칭송을 받으니 주께서 구원 받는 사람을 날마다 더하게 하시니라

행 4:32 _ 믿는 무리가 한마음과 한 뜻이 되어 모든 물건을 서로 통용하고 자기 재물을 조금이라도 자기 것이라 하는 이가 하나도 없더라

살전 5:11 _ 그러므로 피차 권면하고 서로 덕을 세우기를 너희가 하는 것 같이 하라

히 10:25 _ 모이기를 폐하는 어떤 사람들의 습관과 같이 하지 말고 오직 권하여 그 날이 가까움을 볼수록 더욱 그리하자

천국의 예표 – 예배 공동체

3) 교회 공동체 안에서 성도가 하나님을 높여 경배하는 모습은 훗날 천국에서 구원받은 백성이 드릴 기쁨과 감격의 예배를 예표합니다. 구원받은 백성이 완성된 하나님 나라에서 영원히 행할 것은 무엇입니까? (시 106:47-48; 계 5:12, 7:9-12)

시 106:47-48 _ 47 여호와 우리 하나님이여 우리를 구원하사 여러 나라로부터 모으시고 우리가 주의 거룩하신 이름을 감사하며 주의 영예를 찬양하게 하소서 48 여호와 이스라엘의 하나님을 영원부터 영원까지 찬양할지어다 모든 백성들아 아멘 할지어다 할렐루야

계 5:12 _ 큰 음성으로 이르되 죽임을 당하신 어린 양은 능력과 부와 지혜와 힘과 존귀와 영광과 찬송을 받으시기에 합당하도다 하더라

계 7:9-12 _ 9 이 일 후에 내가 보니 각 나라와 족속과 백성과 방언에서 아무도 능히 셀 수 없는 큰 무리가 나와 흰 옷을 입고 손에 종려 가지를 들고 보좌 앞과 어린 양 앞에 서서 10 큰 소리로 외쳐 이르되 구원하심이 보좌에 앉으신 우리 하나님과 어린 양에게 있도다 하니 11 모든 천사가 보좌와 장로들과 네 생물의 주위에 서 있다가

보좌 앞에 엎드려 얼굴을 대고 하나님께 경배하여 12 이르되 아멘 찬송과 영광과 지혜와 감사와 존귀와 권능과 힘이 우리 하나님께 세세토록 있을지어다 아멘 하더라

> 우리가 전인격으로 예배하지 않으면, 우리의 예배는 온전하지 않다. _ A.W. 토저

새로운 여정을 향해

1. 이번 과에서 예배에 대해 새롭게 깨달은 점이 있다면 나누어 봅시다.

2. 당신은 삶의 현장에서 어떤 예배를 드립니까? 하나님이 받으시는 삶의 예배를 드리기 위해 변화되어야 할 모습은 무엇입니까?

3. 교회 공동체 안에서 예배할 때 은혜와 감격을 누리고 있습니까? 자신의 예배를 점검하며 나누어 봅시다.

과제 준비하기

성경 암송 ☐

행 1:8 _ 오직 성령이 너희에게 임하시면 너희가 권능을 받고 예루살렘과 온 유대와 사마리아와 땅 끝까지 이르러 내 증인이 되리라 하시니라

엡 5:18 _ 술 취하지 말라 이는 방탕한 것이니 오직 성령으로 충만함을 받으라

큐티 나눔 ☐   **성경 통독** ☐

"성령 충만함을 받으라"

성령님은 영원토록 우리와 함께 계신다.
당신은 매일 성령님과 동행하고 있는가?

여덟 번째 동행 성령 충만

♬ 은혜의 찬양 29장 | 오소서 진리의 성령님

성도는 예배를 통해 살아 계신 하나님과의 거룩한 만남을 이루며, 만남 안에서 하나님의 성품을 풍성히 누립니다. 그런 만남과 누림 가운데 예배자는 자신을 하나님께 드리며 헌신하게 됩니다. 이렇게 예배와 삶은 긴밀하게 연결됩니다. 하나님은 삶이 동반된 예배를 기뻐하십니다. 또한 그리스도인은 하나님을 예배할 때, 자신이 그리스도의 몸에 연결된 지체임을 확인하게 됩니다. 몸 된 교회 공동체가 함께 하나님을 예배할 때, 머리이신 예수님과 더욱 친밀한 관계를 맺게 됩니다.

예수님과 동행하며 살기 위해서 그리스도인은 성령 충만을 받아야 합니다. 예수님은 이 땅에 거하실 때 성령의 능력으로 하나님의 일을 행하셨습니다. 성령으로 마귀의 시험을 이기셨고, 성령의 능력을 힘입어 십자가 사역을 이루셨습니다. 공생애 사역 기간에는 성령의 권능으로 모든 사람을 유익하게 하셨습니다. 이처럼 성령의 능력으로 사역하신 예수님은 제자들에게 성령을 받으라고 명령하셨습니다. 우리도 그 명령을 따라 성령 충만을 사모해야 합니다.

🗨️ 지난 여정 나누기

1. 지난 한 주 동안 나는 어떤 자세로 예배의 자리에 나아갔습니까? 하나님 이 기뻐하실 만한 예배의 태도가 있었다면 나누어 봅시다.

2. 나는 성령 충만을 어떻게 이해하고 있습니까? 언제 성령 충만하다고 느 낍니까?

📝 과제 점검하기

성경 암송 ☐

행 1:8 _ 오직 성령이 너희에게 임하시면 너희가 권능을 받고 예루살렘과 온 유 대와 사마리아와 땅 끝까지 이르러 내 증인이 되리라 하시니라

엡 5:18 _ 술 취하지 말라 이는 방탕한 것이니 오직 성령으로 충만함을 받으라

큐티 나눔 ☐   성경 통독 ☐

 **말씀 산책**

하나님의 대사여, 성령을 받으라

요한복음 20:19-23

19 이 날 곧 안식 후 첫날 저녁 때에 제자들이 유대인들을 두려워하여 모인 곳의 문들을 닫았더니 예수께서 오사 가운데 서서 이르시되 너희에게 평강이 있을지어다 20 이 말씀을 하시고 손과 옆구리를 보이시니 제자들이 주를 보고 기뻐하더라 21 예수께서 또 이르시되 너희에게 평강이 있을지어다 아버지께서 나를 보내신 것 같이 나도 너희를 보내노라 22 이 말씀을 하시고 그들을 향하사 숨을 내쉬며 이르시되 성령을 받으라 23 너희가 누구의 죄든지 사하면 사하여질 것이요 누구의 죄든지 그대로 두면 그대로 있으리라 하시니라

묵상 질문

1. 부활하신 주님이 제자들을 세상에 보내시며 성령을 받으라고 말씀하신 이유는 무엇입니까? (슥 4:6)

2. 제자들이 성령을 받지 않았을 때와 받고 난 후의 모습을 비교하여 설명해 보십시오(19절; 행 2:40-47).

3. 부활하신 주님이 우리를 이 세상에 그리스도의 대사로 보내신 이유는 무엇입니까? (23절)

1 도우시는 영 – 보혜사

예수님을 구주로 영접하여 하나님의 자녀가 된 우리는 성령님의 인도하심을 따라 살아야 합니다. 출애굽한 이스라엘 백성이 광야를 거닐 때 구름 기둥과 불 기둥으로 인도받았던 것처럼, 구원받은 우리는 늘 성령님의 인도하심을 따라 살아야 합니다. 그래서 바울은 "무릇 하나님의 영으로 인도함을 받는 사람은 곧 하나님의 아들이라"(롬 8:14)라고 했습니다. 누가 하나님의 아들입니까? 교회를 다닌다고 해서 모두 하나님의 아들이 되는 것은 아닙니다. 성령님의 인도하심을 받는 사람이 바로 하나님의 아들입니다.

오실 성령에 대한 예수님의 약속

1) 예수님이 세상을 떠나 아버지께로 돌아가신다고 말씀하셨을 때, 제자들은 근심에 빠졌습니다. 예수님은 근심하는 제자들에게 무엇을 말씀하셨습니까? (요 14:16-17, 16:7, 13)

요 14:16-17 _ 16 내가 아버지께 구하겠으니 그가 또 다른 보혜사를 너희에게 주사 영원토록 너희와 함께 있게 하리니 17 그는 진리의 영이라 세상은 능히 그를 받지 못하나니 이는 그를 보지도 못하고 알지도 못함이라 그러나 너희는 그를 아나니 그는 너희와 함께 거하심이요 또 너희 속에 계시겠음이라

요 16:7, 13 _ 7 그러나 내가 너희에게 실상을 말하노니 내가 떠나가는 것이 너희에게 유익이라 내가 떠나가지 아니하면 보혜사가 너희에게로 오시지 아니할 것이요 가면 내가 그를 너희에게로 보내리니 13 그러나 진리의 성령이 오시면 그가 너희를 모든 진리 가운데로 인도하시리니 그가 스스로 말하지 않고 오직 들은 것을 말하며 장래 일을 너희에게 알리시리라

성령님은 어떤 분인가?

2) 예수님은 두려워하는 제자들에게 보혜사 성령을 약속하셨습니다. 성령님은 성도를 돕는 영으로 우리와 함께하십니다. 다음 구절에서 성경은 성령님에 대해서 어떻게 말씀하는지 나누어 봅시다(욜 2:28; 행 2:33; 롬 8:11).

_____

_____

_____

욜 2:28 _ 그 후에 내가 내 영을 만민에게 부어 주리니 너희 자녀들이 장래 일을 말할 것이며 너희 늙은이는 꿈을 꾸며 너희 젊은이는 이상을 볼 것이며

행 2:33 _ 하나님이 오른손으로 예수를 높이시매 그가 약속하신 성령을 아버지께 받아서 너희가 보고 듣는 이것을 부어 주셨느니라

롬 8:11 _ 예수를 죽은 자 가운데서 살리신 이의 영이 너희 안에 거하시면 그리스도 예수를 죽은 자 가운데서 살리신 이가 너희 안에 거하시는 그의 영으로 말미암아 너희 죽을 몸도 살리시리라

3) 보혜사 성령은 떠나지 않고 성도 안에 거하십니다. 또한 영원토록 함께
   하십니다. 그렇다면 성령님은 성도 안에서 어떤 일을 행하십니까? (요
   14:26; 롬 8:15, 26; 고전 12:3)

요 14:26 _ 보혜사 곧 아버지께서 내 이름으로 보내실 성령 그가 너희에게 모든 것을
가르치고 내가 너희에게 말한 모든 것을 생각나게 하리라

롬 8:15, 26 _ 15 너희는 다시 무서워하는 종의 영을 받지 아니하고 양자의 영을 받
았으므로 우리가 아빠 아버지라고 부르짖느니라 26 이와 같이 성령도 우리의 연약
함을 도우시나니 우리는 마땅히 기도할 바를 알지 못하나 오직 성령이 말할 수 없는
탄식으로 우리를 위해 친히 간구하시느니라

고전 12:3 _ 그러므로 내가 너희에게 알리노니 하나님의 영으로 말하는 자는 누구
든지 예수를 저주할 자라 하지 아니하고 또 성령으로 아니하고는 누구든지 예수를
주시라 할 수 없느니라

하나님의 성령 없이 그리스도인으로 살려고 애쓰느니, 귀 없이
듣거나 폐 없이 숨 쉬려 애쓰는 게 더 나을 것이다. _D. L. 무디

부활하신 예수님은 제자들에게 "성령을 받으라"라고 명령하셨습니다(요 20:22). 그러므로 하나님의 대사로 세상을 향해 나아가는 사람은 반드시 성령 충만을 받아야 합니다. 이는 선택이 아니라 필수입니다. 그렇다면 왜 성령 충만을 받아야 합니까? 성령님의 역사가 없이는 누구도 복음을 깨달아 알 수 없고, 사역에서 어떤 열매도 맺을 수 없기 때문입니다. 성령의 역사 없이는 어떤 일도 일어나지 않습니다.

성령 충만은 명령이자 필수이다

1) 예수님을 영접하여 구원받은 성도라 할지라도 신앙 여정에서 여러 갈등과 어려움을 만납니다. 악한 세상에서 승리하며 살기 위해 그리스도인에게 필요한 것은 무엇입니까? (요 20:22; 엡 4:30, 5:18)

요 20:22 _ 이 말씀을 하시고 그들을 향하사 숨을 내쉬며 이르시되 성령을 받으라
엡 4:30 _ 하나님의 성령을 근심하게 하지 말라 그 안에서 너희가 구원의 날까지 인치심을 받았느니라
엡 5:18 _ 술 취하지 말라 이는 방탕한 것이니 오직 성령으로 충만함을 받으라

성령 충만의 정의

2) 하나님은 이 시대를 살아가는 그리스도인들에게 "성령으로 충만함을 받으라"라고 명령하셨습니다. 이것은 선택하라는 권유가 아니라 반드

시 지키라는 명령입니다. 그렇다면 성도가 받아야 할 성령 충만은 무엇입니까? (시 51:10-11; 갈 5:17-18, 6:8)

시 51:10-11 _ 10 하나님이여 내 속에 정한 마음을 창조하시고 내 안에 정직한 영을 새롭게 하소서 11 나를 주 앞에서 쫓아내지 마시며 주의 성령을 내게서 거두지 마소서

갈 5:17-18 _ 17 육체의 소욕은 성령을 거스르고 성령은 육체를 거스르나니 이 둘이 서로 대적함으로 너희가 원하는 것을 하지 못하게 하려 함이니라 18 너희가 만일 성령의 인도하시는 바가 되면 율법 아래에 있지 아니하리라

갈 6:8 _ 자기의 육체를 위하여 심는 자는 육체로부터 썩어질 것을 거두고 성령을 위하여 심는 자는 성령으로부터 영생을 거두리라

성령 충만함은 어떻게 받으며 언제 필요한가?

3) 성령 충만은 육체의 소욕을 이기게 하며, 죄의 법을 다스려 곤고함에서 벗어나게 합니다. 그렇다면 성도는 성령 충만을 언제 사모해야 하고, 어떻게 받을 수 있습니까? (행 4:31, 10:44; 고전 15:31)

행 4:31 _ 빌기를 다하매 모인 곳이 진동하더니 무리가 다 성령이 충만하여 담대히 하나님의 말씀을 전하니라

행 10:44 _ 베드로가 이 말을 할 때에 성령이 말씀 듣는 모든 사람에게 내려오시니

고전 15:31 _ 형제들아 내가 그리스도 예수 우리 주 안에서 가진 바 너희에 대한 나의 자랑을 두고 단언하노니 나는 날마다 죽노라

3 성령 충만의 결과 – 승리

예수님의 제자들은 저마다 예수님 곁을 떠나지 않겠다고 호언장담했습니다. 그러나 생각지 못한 위기 상황에 직면하자 하나같이 예수님을 배신하며 떠났습니다. 예수님이 부활하셨다는 소식을 들었고, 빈 무덤도 목격했지만, 그들은 여전히 두려워했습니다. 하지만 성령 충만을 받고 전혀 다른 사람이 되었습니다. 더는 사람을 두려워하지 않게 되었습니다. 핍박받는 일도, 감옥에 갇히는 고난도, 심지어 순교도 두려워하지 않게 되었습니다. 성령 충만을 받은 제자들이 가는 곳마다 승리와 기적이 나타났습니다.

성령 충만함의 결과

1) 예수님의 제자들은 성령의 능력으로 변화되었습니다. 성도가 성령 충만을 받으면 어떤 변화가 나타납니까? (행 7:55; 롬 14:17; 갈 5:16)

행 7:55 _ 스데반이 성령 충만하여 하늘을 우러러 주목하여 하나님의 영광과 및 예수께서 하나님 우편에 서신 것을 보고

롬 14:17 _ 하나님의 나라는 먹는 것과 마시는 것이 아니요 오직 성령 안에 있는 의와 평강과 희락이라

갈 5:16 _ 내가 이르노니 너희는 성령을 따라 행하라 그리하면 육체의 욕심을 이루지 아니하리라

2) 성령 충만은 일회성 사건이 아니라, 성령님이 내 삶을 다스리시도록 나를 내어 드리는 매일의 싸움이자 지속적인 과정입니다. 매 순간 성령 충만을 경험할 때 삶에는 어떤 열매가 맺힙니까? (갈 5:22-23; 엡 3:16, 5:9)

갈 5:22-23 _ 22 오직 성령의 열매는 사랑과 희락과 화평과 오래 참음과 자비와 양선과 충성과 23 온유와 절제니 이같은 것을 금지할 법이 없느니라

엡 3:16 _ 그의 영광의 풍성함을 따라 그의 성령으로 말미암아 너희 속사람을 능력으로 강건하게 하시오며

엡 5:9 _ 빛의 열매는 모든 착함과 의로움과 진실함에 있느니라

성령 충만 – 복음의 확장, 은사

3) 성령 충만을 받은 그리스도인은 하나님과 동행합니다. 성령 충만은 예수님을 닮아 가게 할 뿐만 아니라 은사와 능력으로 하나님 나라를 세워 가게 합니다. 성령님은 어떤 은사와 능력을 주십니까? (행 1:8, 4:31; 고전 12:8-11)

행 1:8 _ 오직 성령이 너희에게 임하시면 너희가 권능을 받고 예루살렘과 온 유대와 사마리아와 땅 끝까지 이르러 내 증인이 되리라 하시니라

행 4:31 _ 빌기를 다하매 모인 곳이 진동하더니 무리가 다 성령이 충만하여 담대히 하나님의 말씀을 전하니라

고전 12:8-11 _ 8 어떤 사람에게는 성령으로 말미암아 지혜의 말씀을, 어떤 사람에게는 같은 성령을 따라 지식의 말씀을, 9 다른 사람에게는 같은 성령으로 믿음을, 어떤 사람에게는 한 성령으로 병 고치는 은사를, 10 어떤 사람에게는 능력 행함을, 어떤 사람에게는 예언함을, 어떤 사람에게는 영들 분별함을, 다른 사람에게는 각종 방언 말함을, 어떤 사람에게는 방언들 통역함을 주시나니 11 이 모든 일은 같은 한 성령이 행하사 그의 뜻대로 각 사람에게 나누어 주시는 것이니라

우리는 성령을 사용할 수 없다. 그분이 우리를 사용하신다.

_워렌 위어스비

1. 신앙생활을 하면서 성령 충만을 오해한 경험을 나누어 봅시다.

2. 성령님은 보혜사이시며 도우시는 영으로 성도와 항상 함께하십니다. 성령님께 어떤 필요를 간구해야 할지 나누어 봅시다.

3. 성령 충만을 위해 오늘 해야 할 일은 무엇입니까? 성령님이 나를 인도하시도록 하기 위해 오늘 내려놓아야 할 죄악이나 삶의 짐은 무엇입니까?

과제 준비하기

성경 암송 ☐

단 12:3 _ 지혜 있는 자는 궁창의 빛과 같이 빛날 것이요 많은 사람을 옳은 데로 돌아오게 한 자는 별과 같이 영원토록 빛나리라

행 20:24 _ 내가 달려갈 길과 주 예수께 받은 사명 곧 하나님의 은혜의 복음을 증언하는 일을 마치려 함에는 나의 생명조차 조금도 귀한 것으로 여기지 아니하노라

큐티 나눔 ☐   **성경 통독** ☐

"전도는 명령이다"

전도는 하나님의 사랑이 흘러가는 통로이다.
그리고 영적 성장의 확실한 길이다.

아홉 번째 동행 **전도**

♪ 은혜의 찬양 323장 | 일어나라 주의 백성

성령 충만은 하나님의 명령일 뿐만 아니라 성도의 신앙 여정에 꼭 필요한 요소입니다. 예수님은 오실 성령님을 약속하셨고, 보혜사 성령은 약속대로 오셔서 성도 안에 영원히 거하십니다. 성령님의 역사 없이는 신앙의 열매를 맺을 수 없으므로 성도는 마땅히 성령 충만을 사모해야 합니다. 더 나아가 성도는 성령 충만을 통해 하나님 나라를 확장하며 복음을 능력 있게 증거해야 합니다.

복음 증거는 성도에게 주신 하나님의 거룩한 명령입니다. 하나님은 천국 잔치를 준비해 놓으시고, 여기에 참여할 사람들을 초청하십니다. 전도는 하나님이 준비하신 놀라운 잔치에 사람들을 초청하는 일입니다. 그러므로 전도야말로 성도가 할 수 있는 가장 고귀한 사랑이자 섬김의 행위입니다. 하나님은 전도를 통해 한 영혼이 복음을 듣고 구원에 이르는 일을 가장 기뻐하십니다. 성도는 전도를 통해 가장 큰 면류관을 받습니다. 성도는 한 영혼을 귀히 여기는 긍휼한 마음을 가지고 삶의 현장으로 나아가, 복음을 전하는 그리스도의 편지가 되어야 합니다.

지난 여정 나누기

1. 지난 한 주 동안 성령 충만을 위해 어떤 노력을 했는지 나누어 봅시다. 또한 성령님의 도우심을 경험했다면 나누어 봅시다.

2. 하나님이 현재 맡겨 주신 전도 대상자는 누구입니까? 그 영혼을 전도하기 위해 현재 어떤 노력을 하고 있습니까?

과제 점검하기

성경 암송 ☐

단 12:3 _ 지혜 있는 자는 궁창의 빛과 같이 빛날 것이요 많은 사람을 옳은 데로 돌아오게 한 자는 별과 같이 영원토록 빛나리라

행 20:24 _ 내가 달려갈 길과 주 예수께 받은 사명 곧 하나님의 은혜의 복음을 증언하는 일을 마치려 함에는 나의 생명조차 조금도 귀한 것으로 여기지 아니하노라

큐티 나눔 ☐   성경 통독 ☐

 **말씀 산책**

하나님의 대사여, 가서 영혼을 추수하라

누가복음 10:2

2 이르시되 추수할 것은 많되 일꾼이 적으니 그러므로 추수하는 주인에게 청하여 추수할 일꾼들을 보내 주소서 하라

묵상 질문

1. 예수님이 70인 전도단을 파송하시면서 가장 먼저 말씀하신 것은 무엇입 니까? (2절)

2. 사마리아 수가 성에서 예수님은 제자들에게 "눈을 들어 밭을 보라 희어져 추수하게 되었도다"(요 4:35)라고 말씀하셨습니다. 여기서 희어 추수하 게 된 곡식은 무엇을 말합니까?

3. 왜 예수님은 영혼을 추수하라고, 곧 전도하라고 말씀하셨습니까?

① 요 19:30, 4:38a

② 요 4:35a; 고후 6:2

1 전도는 명령이다

예수님은 제자들을 향해 "눈을 들어 밭을 보라 희어져 추수하게 되었도다"(요 4:35)라고 말씀하셨습니다. 밭에 펼쳐진 희어져 추수하게 된 곡식은 예수님을 믿고 구원받아야 할 영혼들입니다. 그리스도인은 예수님의 명령을 가슴에 안고 눈을 들어 삶의 현장을 바라보아야 합니다. 가정과 학교, 직장 등 우리 주변에는 복음이 필요한 영혼이 너무나 많습니다. 삶의 이유와 목적을 상실한 채 외로움과 허무함 속에 끌려가듯 살아가는 그들에게 무엇이 필요합니까? 바로 예수 그리스도의 복음입니다. 복음만이 죽어 가는 영혼들을 살립니다. 이렇게 생사의 갈림길에서 이루어지는 전도는 결코 미룰 수 없는 성도의 사명입니다.

전도는 성도에게 주신 명령이자 사명

1) 하나님은 이 세상 모든 영혼이 구원받기를 원하십니다. 이런 소원을 이루기 위해 하나님이 성도에게 주신 명령은 무엇입니까? (시 96:3; 마 28:19-20; 막 16:15; 딤후 4:2)

시 96:3 _ 그의 영광을 백성들 가운데에, 그의 기이한 행적을 만민 가운데에 선포할지어다

마 28:19-20 _ 19 그러므로 너희는 가서 모든 민족을 제자로 삼아 아버지와 아들과 성령의 이름으로 세례를 베풀고 20 내가 너희에게 분부한 모든 것을 가르쳐 지키게 하라 볼지어다 내가 세상 끝날까지 너희와 항상 함께 있으리라 하시니라

막 16:15 _ 또 이르시되 너희는 온 천하에 다니며 만민에게 복음을 전파하라

딤후 4:2 _ 너는 말씀을 전파하라 때를 얻든지 못 얻든지 항상 힘쓰라 범사에 오래 참음과 가르침으로 경책하며 경계하며 권하라

전도해야 하는 이유

2) 복음은 세상 모든 민족이 들어야 할 기쁨의 좋은 소식입니다. 그렇다면 성도는 왜 복음을 전해야 합니까? (시 34:2; 사 43:10; 고전 1:21, 9:16)

시 34:2 _ 내 영혼이 여호와를 자랑하리니 곤고한 자들이 이를 듣고 기뻐하리로다

사 43:10 _ 나 여호와가 말하노라 너희는 나의 증인, 나의 종으로 택함을 입었나니 이는 너희가 나를 알고 믿으며 내가 그인 줄 깨닫게 하려 함이라 나의 전에 지음을 받은 신이 없었느니라 나의 후에도 없으리라

고전 1:21 _ 하나님의 지혜에 있어서는 이 세상이 자기 지혜로 하나님을 알지 못하므로 하나님께서 전도의 미련한 것으로 믿는 자들을 구원하시기를 기뻐하셨도다

고전 9:16 _ 내가 복음을 전할지라도 자랑할 것이 없음은 내가 부득불 할 일임이라 만일 복음을 전하지 아니하면 내게 화가 있을 것이로다

3) 복음에는 큰 능력이 있습니다. 듣는 사람에게 큰 변화가 일어날 뿐 아니라, 증거하는 사람에게도 놀라운 축복이 있습니다. 전도가 복음을 듣는 사람과 증거하는 사람에게 주는 유익은 무엇입니까? (단 12:3; 요 1:12; 살전 2:19; 약 5:20)

단 12:3 _ 지혜 있는 자는 궁창의 빛과 같이 빛날 것이요 많은 사람을 옳은 데로 돌아오게 한 자는 별과 같이 영원토록 빛나리라

요 1:12 _ 영접하는 자 곧 그 이름을 믿는 자들에게는 하나님의 자녀가 되는 권세를 주셨으니

살전 2:19 _ 우리의 소망이나 기쁨이나 자랑의 면류관이 무엇이냐 그가 강림하실 때 우리 주 예수 앞에 너희가 아니냐

약 5:20 _ 너희가 알 것은 죄인을 미혹된 길에서 돌아서게 하는 자가 그의 영혼을 사망에서 구원할 것이며 허다한 죄를 덮을 것임이라

교회는 명령을 받았다. 전도하지 않는 것은 불순종이다.

_존 스토트

2 전도의 자세

하나님은 사람을 통해 모든 사역을 이루어 가십니다. 한 영혼을 구원하는 사역도 예외일 수 없습니다. 그래서 바울은 "전파하는 자가 없이 어찌 들으리요"(롬 10:14)라고 말합니다. 하나님은 한 영혼을 뜨거운 마음으로 품고, 그를 구원으로 인도하기 위해서 복음을 전할 전도자를 찾고 계십니다. 어떤 상황에도 흔들리지 않고 성령님을 의지하며 복음을 증거하기로 작정한 성도를 그리스도의 대사로 세우십니다. 전도자로 살기 위해서는 "하나님의 은혜의 복음을 증언하는 일을 마치려 함에는 나의 생명조차 조금도 귀한 것으로 여기지 아니하노라"(행 20:24)라고 고백한 바울을 닮아야 합니다.

전도에 대한 하나님의 마음 알기

1) 전도는 하나님이 성도에게 주신 명령입니다. 이 사명을 감당하기 위해서는 먼저 복음 증거의 주체이신 하나님의 마음을 알아야 합니다. 복음 증거에 대한 하나님의 마음이 무엇인지 나누어 봅시다(요 3:17; 고전 1:21; 딤전 2:4).

요 3:17 _ 하나님이 그 아들을 세상에 보내신 것은 세상을 심판하려 하심이 아니요 그로 말미암아 세상이 구원을 받게 하려 하심이라

고전 1:21 _ 하나님의 지혜에 있어서는 이 세상이 자기 지혜로 하나님을 알지 못하므로 하나님께서 전도의 미련한 것으로 믿는 자들을 구원하시기를 기뻐하셨도다

딤전 2:4 _ 하나님은 모든 사람이 구원을 받으며 진리를 아는 데에 이르기를 원하시느니라

2) 전도는 한 영혼을 죽음에서 생명으로 옮기는 거룩한 사역입니다. 그러므로 전도는 성도가 할 수 있는 가장 고귀한 사랑이자 섬김입니다. 이 고귀한 일에 부름을 받은 성도는 어떤 마음가짐을 가져야 합니까? (행 20:24; 롬 1:16; 딤후 1:8)

행 20:24 _ 내가 달려갈 길과 주 예수께 받은 사명 곧 하나님의 은혜의 복음을 증언하는 일을 마치려 함에는 나의 생명조차 조금도 귀한 것으로 여기지 아니하노라

롬 1:16 _ 내가 복음을 부끄러워하지 아니하노니 이 복음은 모든 믿는 자에게 구원을 주시는 하나님의 능력이 됨이라 먼저는 유대인에게요 그리고 헬라인에게로다

딤후 1:8 _ 그러므로 너는 내가 우리 주를 증언함과 또는 주를 위하여 갇힌 자 된 나를 부끄러워하지 말고 오직 하나님의 능력을 따라 복음과 함께 고난을 받으라

전도자가 가져야 할 자세

3) 전도는 성도가 삶에서 실천해야 할 가장 중요한 것 중 하나입니다. 바울은 디모데에게 '전도자의 일'(딤후 4:5)을 하라고 권면합니다. 전도자는 어떤 자세를 가져야 합니까? (고전 2:4; 갈 6:14; 골 4:3)

고전 2:4 _ 내 말과 내 전도함이 설득력 있는 지혜의 말로 하지 아니하고 다만 성령의 나타나심과 능력으로 하여

갈 6:14 _ 그러나 내게는 우리 주 예수 그리스도의 십자가 외에 결코 자랑할 것이 없으니 그리스도로 말미암아 세상이 나를 대하여 십자가에 못 박히고 내가 또한 세상을 대하여 그러하니라

골 4:3 _ 또한 우리를 위하여 기도하되 하나님이 전도할 문을 우리에게 열어 주사 그리스도의 비밀을 말하게 하시기를 구하라 내가 이 일 때문에 매임을 당하였노라

3 어떻게 전도할 것인가

하나님의 은혜로 구원받은 그리스도인에게 전도는 거룩한 의무입니다. 그러므로 성도는 믿지 않는 영혼들을 만나면 거룩한 부담감을 가져야 합니다. 바울은 이를 다음과 같이 표현합니다. "헬라인이나 야만인이나 지혜 있는 자나 어리석은 자에게 다 내가 빚진 자라"(롬 1:14). 바울은 자신이 구원받은 이유가 구원받지 못한 사람들에게 복음을 전하기 위함인 줄 알았습니다. 그래서 죽는 날까지 "때를 얻든지 못 얻든지"(딤후 4:2) 힘써 전도했습니다. 내가 받아 누린 구원의 은혜는 결코 내 안에 머물러서는 안 됩니다. 아직도 복음을 모르는 영혼들에게 흘러가야 합니다.

전도의 기회: 기회 속으로 들어가라

1) 위대한 복음 증거자인 바울은 구원받은 이후에 때와 장소를 가리지 않고 복음을 전했습니다. 그가 남긴 다음 구절들을 보며 복음 증거자로서 어떻게 살아야 할지 나누어 봅시다(롬 1:15, 15:19; 딤후 4:2).

롬 1:15 _ 그러므로 나는 할 수 있는 대로 로마에 있는 너희에게도 복음 전하기를 원하노라

롬 15:19 _ 표적과 기사의 능력으로 성령의 능력으로 이루어졌으며 그리하여 내가 예루살렘으로부터 두루 행하여 일루리곤까지 그리스도의 복음을 편만하게 전하였노라

딤후 4:2 _ 너는 말씀을 전파하라 때를 얻든지 못 얻든지 항상 힘쓰라 범사에 오래 참음과 가르침으로 경책하며 경계하며 권하라

전도의 지평: 관계의 지평을 넓혀라

2) 예수님은 제자들이 감당해야 할 복음 전파의 영역을 다음과 같이 말씀하십니다. "예루살렘과 … 땅 끝까지 이르러"(행 1:8). 이처럼 우리의 전도 영역도 점차 확장되어야 합니다. 우리의 전도 영역이 어디까지인지 나누어 봅시다(요 1:40-41; 행 8:35, 10:24; 고후 10:16).

요 1:40-41 _ 40 요한의 말을 듣고 예수를 따르는 두 사람 중의 하나는 시몬 베드로의 형제 안드레라 41 그가 먼저 자기의 형제 시몬을 찾아 말하되 우리가 메시야를 만났다 하고 (메시야는 번역하면 그리스도라)

행 8:35 _ 빌립이 입을 열어 이 글에서 시작하여 예수를 가르쳐 복음을 전하니

행 10:24 _ 이튿날 가이사랴에 들어가니 고넬료가 그의 친척과 가까운 친구들을 모아 기다리더니

고후 10:16 _ 이는 남의 규범으로 이루어 놓은 것으로 자랑하지 아니하고 너희 지역을 넘어 복음을 전하려 함이라

3) 전도자는 복음을 흘려 보내는 통로이기에 말로만이 아니라 삶으로도 전도해야 합니다. 삶이 전도가 되는 전도자가 갖추어야 할 자세는 무엇입니까? (마 5:16, 9:10; 벧전 2:12)

_____

_____

_____

_____

마 5:16 _ 이같이 너희 빛이 사람 앞에 비치게 하여 그들로 너희 착한 행실을 보고 하늘에 계신 너희 아버지께 영광을 돌리게 하라

마 9:10 _ 예수께서 마태의 집에서 앉아 음식을 잡수실 때에 많은 세리와 죄인들이 와서 예수와 그의 제자들과 함께 앉았더니

벧전 2:12 _ 너희가 이방인 중에서 행실을 선하게 가져 너희를 악행한다고 비방하는 자들로 하여금 너희 선한 일을 보고 오시는 날에 하나님께 영광을 돌리게 하려 함이라

다른 사람을 그리스도께 인도하고자 하는 사람은 무엇보다 그의 영혼을 사랑할 줄 알아야 한다. _ R. A. 토레이

새로운 여정을 향해

1. 나는 복음을 전파하라는 주님의 명령에 어떻게 순종하고 있습니까? 전도가 부담스럽고 어렵다면 그 이유는 무엇입니까?

2. 삶의 주변에 복음이 필요한 사람을 생각해 보고, 전도 대상자를 선정해 봅시다. 그들을 전도하기 위해 오늘 할 수 있는 일은 무엇인지 나누어 봅시다.

3. 하나님은 성도가 전도할 때 기뻐하시고, 성령님은 전도하는 성도 안에서 일하십니다. 전도하는 성도에게 어떤 열매와 유익이 있는지 경험을 토대로 나누어 봅시다.

과제 준비하기

성경 암송 ☐

엡 6:12 _ 우리의 씨름은 혈과 육을 상대하는 것이 아니요 통치자들과 권세들과 이 어둠의 세상 주관자들과 하늘에 있는 악의 영들을 상대함이라

약 4:7 _ 그런즉 너희는 하나님께 복종할지어다 마귀를 대적하라 그리하면 너희를 피하리라

큐티 나눔 ☐   **성경 통독** ☐

"선으로 악을 이기라"

성도의 삶에서 영적 전쟁은 필연적이다.
피할 수 없는 전쟁이라면 반드시 승리하라.

열 번째 동행 **영적 전쟁**

🎵 은혜의 찬양 287장 | 승리하였네

전도는 예수님의 지상명령이며 그리스도인에게 주어진 거룩한 사명입니다. 하나님은 "전도의 미련한 것"(고전 1:21)으로 하나님 나라를 확장해 가십니다. 전도는 하나님의 사랑이 흘러가는 통로입니다. 그러므로 성도가 이 땅에서 행하는 가장 큰 사랑과 섬김은 바로 복음 전파입니다. 전도할 때 성도는 하나님과 동행하며, 그분의 통치를 경험합니다. 또한 전도할 때 영적으로 무장해 성장합니다. 왜냐하면, 전도는 영적 전쟁의 현장이기 때문입니다.

한동안 낯설게 여겨지던 '영적 전쟁'이라는 용어가 이제는 한국 교회에서 보편적인 용어가 되었습니다. 영적 전쟁은 성도의 신앙생활에서 피할 수 없습니다. 복음을 전해 한 영혼을 구원하고, 정욕과 욕심을 십자가에 못 박고, 예수님을 따르는 모든 일이 다 영적 전쟁입니다. 하나님은 성도와 교회가 치르는 거룩한 영적 전쟁을 통해 하나님 나라를 확장해 가십니다. 성도의 영적 전쟁터는 바로 삶의 현장이며, 그 전쟁에서 승리하려면 그리스도 안에서 온전하게 살아야 합니다.

1. 한 주 동안 전도자로서 어떻게 살았습니까? 하나님의 지상명령을 따라 세상 속에서 전도의 삶을 실천했습니까?

2. 지금 내 삶에서 가장 치열한 영적 전투의 현장은 어디입니까? 시험과 유혹에서 승리한 경험과 패배한 경험을 나누어 봅시다.

과제 점검하기

성경 암송 ☐

엡 6:12 _ 우리의 씨름은 혈과 육을 상대하는 것이 아니요 통치자들과 권세들과 이 어둠의 세상 주관자들과 하늘에 있는 악의 영들을 상대함이라

약 4:7 _ 그런즉 너희는 하나님께 복종할지어다 마귀를 대적하라 그리하면 너희를 피하리라

큐티 나눔 ☐   성경 통독 ☐

 **말씀 산책**

방어보다 공격이 더 중요하다

열왕기상 18:16-19

16 오바댜가 가서 아합을 만나 그에게 말하매 아합이 엘리야를 만나러 가다가 17 엘리야를 볼 때에 아합이 그에게 이르되 이스라엘을 괴롭게 하는 자여 너냐 18 그가 대답하되 내가 이스라엘을 괴롭게 한 것이 아니라 당신과 당신의 아버지의 집이 괴롭게 하였으니 이는 여호와의 명령을 버렸고 당신이 바알들을 따랐음이라 19 그런즉 사람을 보내 온 이스라엘과 이세벨의 상에서 먹는 바알의 선지자 사백오십 명과 아세라의 선지자 사백 명을 갈멜 산으로 모아 내게로 나아오게 하소서

 묵상 질문

1. 전쟁에는 주적이 분명해야 합니다. 영적 전쟁에서 우리의 주적은 누구입니까? (엡 6:12)

2. 영적 전쟁에서는 방어보다 공격이 더 중요합니다. 그 이유는 무엇입니까?

3. 영적 전쟁에서 선제공격은 구체적으로 무엇을 말합니까?

① 약 4:7

② 요 13:2

③ 막 1:35

1 피할 수 없는 영적 전쟁

성도의 삶에서 영적 전쟁은 필연적입니다. 다시 말해 성도는 누구나 영적 전쟁으로 부르심을 받았습니다. 성도가 하나님의 소유이자 백성이기 때문입니다. 사탄은 뱀처럼 속이고 사자처럼 삼킬 자를 찾아다니며 사람들을 속이고 파괴합니다. 이처럼 끊임없이 싸움을 거는 대적 앞에서 성도는 늘 깨어 있어야 합니다. 이 전쟁은 결코 선봉에 선 일부 그리스도인에게만 주어진 싸움이 아닙니다. 예수님 안에 거하며 하나님의 백성이 된 그리스도인은 누구나 이런 영적 전쟁이 있음을 알아야 하고, 이에 맞서 싸워야 합니다. 그래서 성경은 성도를 그리스도의 군사로, 하나님을 전쟁에 능하신 분으로 말씀합니다.

영적 전쟁의 정의와 이유

1) 눈에 보이지 않지만 영적 세계는 실재합니다. 그러므로 영적 전쟁은 우리 삶에 매일 일어납니다. 그리스도인에게 영적 전쟁은 무엇이며 왜 일어납니까? (창 3:15; 요 15:19; 롬 7:22-23)

창 3:15 _ 내가 너로 여자와 원수가 되게 하고 네 후손도 여자의 후손과 원수가 되게 하리니 여자의 후손은 네 머리를 상하게 할 것이요 너는 그의 발꿈치를 상하게 할 것이니라 하시고

요 15:19 _ 너희가 세상에 속하였으면 세상이 자기의 것을 사랑할 것이나 너희는 세상에 속한 자가 아니요 도리어 내가 너희를 세상에서 택하였기 때문에 세상이 너희를 미워하느니라

롬 7:22-23 _ 22 내 속사람으로는 하나님의 법을 즐거워하되 23 내 지체 속에서 한 다른 법이 내 마음의 법과 싸워 내 지체 속에 있는 죄의 법으로 나를 사로잡는 것을 보는도다

영적 전쟁의 대적

2) 영적 전쟁은 관념이 아니라 실제이기 때문에 성경에서 '씨름'이라는 단어로 묘사됩니다. 성도가 영적 전쟁에서 씨름해야 할 상대는 누구입니까? (엡 6:12; 골 2:8; 벧전 5:8)

엡 6:12 _ 우리의 씨름은 혈과 육을 상대하는 것이 아니요 통치자들과 권세들과 이 어둠의 세상 주관자들과 하늘에 있는 악의 영들을 상대함이라

골 2:8 _ 누가 철학과 헛된 속임수로 너희를 사로잡을까 주의하라 이것은 사람의 전통과 세상의 초등학문을 따름이요 그리스도를 따름이 아니니라

벧전 5:8 _ 근신하라 깨어라 너희 대적 마귀가 우는 사자 같이 두루 다니며 삼킬 자를 찾나니

3) 대적 마귀는 끊임없이 삼킬 자를 찾아다니며 성도를 넘어뜨리려고 합니다. 그리스도인은 이런 악한 영들을 대항해 어떻게 싸워야 합니까? (고후 10:4a; 갈 5:17; 엡 6:13-18; 약 4:7)

고후 10:4a _ 우리의 싸우는 무기는 육신에 속한 것이 아니요 오직 어떤 견고한 진도 무너뜨리는 하나님의 능력이라

갈 5:17 _ 육체의 소욕은 성령을 거스르고 성령은 육체를 거스르나니 이 둘이 서로 대적함으로 너희가 원하는 것을 하지 못하게 하려 함이라

엡 6:13-18 _ 13 그러므로 하나님의 전신 갑주를 취하라 이는 악한 날에 너희가 능히 대적하고 모든 일을 행한 후에 서기 위함이라 14 그런즉 서서 진리로 너희 허리 띠를 띠고 의의 호심경을 붙이고 15 평안의 복음이 준비한 것으로 신을 신고 16 모든 것 위에 믿음의 방패를 가지고 이로써 능히 악한 자의 모든 불화살을 소멸하고 17 구원의 투구와 성령의 검 곧 하나님의 말씀을 가지라 18 모든 기도와 간구를 하되 항상 성령 안에서 기도하고 이를 위하여 깨어 구하기를 항상 힘쓰며 여러 성도를 위하여 구하라

약 4:7 _ 그런즉 너희는 하나님께 복종할지어다 마귀를 대적하라 그리하면 너희를 피하리라

대안은 없다. 당신이 죄에 대해 죽지 않으면 당신이 죄로 인해 죽게 될 것이며, 당신이 죄를 죽이지 않으면 죄가 당신을 죽일 것이다. _찰스 스펄전

2 | 지피지기 백전백승(知彼知己 百戰百勝)

뛰어난 군사는 항상 전투태세를 갖추고 있습니다. "지피지기 백전백승"이라는 말이 있습니다. "적을 알고 나를 알면 백 번 싸워서 백 번 모두 이긴다"라는 뜻입니다. 그리스도인이 감당해야 할 영적 전쟁도 마찬가지입니다. 영적 전쟁에서 무지(無知)는 매우 위험합니다. 성도가 악한 영의 존재를 믿지 않는다고 해서 그가 우리를 내버려 두는 것이 아닙니다. 말씀과 성령으로 단단히 무장하고, 대적인 악한 영의 존재와 공격 방법을 알아야 합니다.

사탄의 존재와 공격 방법

1) 성도는 사탄의 간계와 공격 방법을 알아야 합니다. 사탄은 어떤 모양과 형태로 성도를 공격합니까? 말씀에서 악한 영의 존재와 그 전략을 확인해 봅시다.

(1) 거짓말쟁이 (요 8:44; 고후 11:14; 계 12:9)

_____

_____

요 8:44 _ 너희는 너희 아비 마귀에게서 났으니 너희 아비의 욕심대로 너희도 행하고자 하느니라 그는 처음부터 살인한 자요 진리가 그 속에 없으므로 진리에 서지 못하고 거짓을 말할 때마다 제 것으로 말하나니 이는 그가 거짓말쟁이요 거짓의 아비가 되었음이라

고후 11:14 _ 이것은 이상한 일이 아니니라 사탄도 자기를 광명의 천사로 가장하나니

계 12:9 _ 큰 용이 내쫓기니 옛 뱀 곧 마귀라고도 하고 사탄이라고도 하며 온 천하를 꾀는 자라 그가 땅으로 내쫓기니 그의 사자들도 그와 함께 내쫓기니라

(2) 고발자 (욥 1:9; 롬 8:33; 계 12:10)

욥 1:9 _ 사탄이 여호와께 대답하여 이르되 욥이 어찌 까닭 없이 하나님을 경외하리이까

롬 8:33 _ 누가 능히 하나님께서 택하신 자들을 고발하리요 의롭다 하신 이는 하나님이시니

계 12:10 _ 내가 또 들으니 하늘에 큰 음성이 있어 이르되 이제 우리 하나님의 구원과 능력과 나라와 또 그의 그리스도의 권세가 나타났으니 우리 형제들을 참소하던 자 곧 우리 하나님 앞에서 밤낮 참소하던 자가 쫓겨났고

(3) 파괴자 (마 12:22; 눅 22:31; 벧전 5:8)

마 12:22 _ 그 때에 귀신 들려 눈 멀고 말 못하는 사람을 데리고 왔거늘 예수께서 고쳐 주시매 그 말 못하는 사람이 말하며 보게 된지라

눅 22:31 _ 시몬아, 시몬아, 보라 사탄이 너희를 밀 까부르듯 하려고 요구하였으나

벧전 5:8 _ 근신하라 깨어라 너희 대적 마귀가 우는 사자 같이 두루 다니며 삼킬 자를 찾나니

(4) 지배자 (요 12:31, 14:30; 요일 5:19)

요 12:31 _ 이제 이 세상에 대한 심판이 이르렀으니 이 세상의 임금이 쫓겨나리라

요 14:30 _ 이 후에는 내가 너희와 말을 많이 하지 아니하리니 이 세상의 임금이 오겠음이라 그러나 그는 내게 관계할 것이 없으니

요일 5:19 _ 또 아는 것은 우리는 하나님께 속하고 온 세상은 악한 자 안에 처한 것이며

2) 사탄은 공격 목적이 분명합니다. 하나님을 믿는 성도의 믿음을 흔들고, 하나님과의 관계를 의심하게 합니다. 결국 하나님의 말씀과 하나님의 성품을 부인하게 합니다. 이 목적을 위해 수단과 방법을 가리지 않습니다. 그 내용은 무엇입니까? (롬 12:2; 엡 2:2; 요일 2:15-16)

롬 12:2 _ 너희는 이 세대를 본받지 말고 오직 마음을 새롭게 함으로 변화를 받아 하나님의 선하시고 기뻐하시고 온전하신 뜻이 무엇인지 분별하도록 하라

엡 2:2 _ 그 때에 너희는 그 가운데서 행하여 이 세상 풍조를 따르고 공중의 권세 잡은 자를 따랐으니 곧 지금 불순종의 아들들 가운데서 역사하는 영이라

요일 2:15-16 _ 15 이 세상이나 세상에 있는 것들을 사랑하지 말라 누구든지 세상을 사랑하면 아버지의 사랑이 그 안에 있지 아니하니 16 이는 세상에 있는 모든 것이 육신의 정욕과 안목의 정욕과 이생의 자랑이니 다 아버지께로부터 온 것이 아니요 세상으로부터 온 것이라

3 성도는 반드시 이긴다

영적 전쟁의 목적은 악한 영을 물리치는 것이 아닙니다. 하나님 나라의 회복과 확장입니다. 이는 영적 전쟁의 결과이기도 합니다. 사탄이 아무리 하나님의 통치를 거부하고 방해해도 악한 영은 하나님의 통치 아래서 무력할 뿐입니다. 그래서 영적 전쟁에 임하는 성도는 하나님과 연합하고 동행하는 것이 가장 중요합니다. 성도가 하나님의 자녀로서의 권세를 가지고 삶의 자리에서 하나님의 주권을 선포할 때, 대적을 이기고 승리할 것을 믿어야 합니다. 이미 예수님이 승리하신 이 싸움에 믿음으로 동참할 때, 남은 싸움도 이기게 될 것입니다.

보장된 승리

1) 그리스도인이 영적 전쟁에서 승리하는 근본적인 이유는 예수님이 이미 승리하셨고, 그로 말미암아 하나님 자녀의 권세를 이미 가졌기 때문입니다. 다음 성경 구절에서 그 이유를 살펴봅시다(마 16:18; 눅 10:19; 롬 16:20).

마 16:18 _ 또 내가 네게 이르노니 너는 베드로라 내가 이 반석 위에 내 교회를 세우리니 음부의 권세가 이기지 못하리라

눅 10:19 _ 내가 너희에게 뱀과 전갈을 밟으며 원수의 모든 능력을 제어할 권능을 주었으니 너희를 해칠 자가 결코 없으리라

롬 16:20 _ 평강의 하나님께서 속히 사탄을 너희 발 아래에서 상하게 하시리라 우리 주 예수의 은혜가 너희에게 있을지어다

잔존하는 싸움터

2) 예수님이 이미 승리하셨기 때문에 결국 그리스도인은 영적 전쟁에서 완전히 승리합니다. 그렇다 해도 성도의 삶에는 매일 주어지는 치열한 싸움이 있습니다. 성도의 삶에 남은 영적 싸움터는 어디입니까?

(1) 생각(요 13:2; 고후 10:5)

요 13:2 _ 마귀가 벌써 시몬의 아들 가룟 유다의 마음에 예수를 팔려는 생각을 넣었더라

고후 10:5 _ 하나님 아는 것을 대적하여 높아진 것을 다 무너뜨리고 모든 생각을 사로잡아 그리스도에게 복종하게 하니

(2) 마음(잠 4:23; 딤후 1:7)

잠 4:23 _ 모든 지킬 만한 것 중에 더욱 네 마음을 지키라 생명의 근원이 이에서 남이니라

딤후 1:7 _ 하나님이 우리에게 주신 것은 두려워하는 마음이 아니요 오직 능력과 사랑과 절제하는 마음이니

(3) 입술(시 141:3; 엡 5:4)

시 141:3 _ 여호와여 내 입에 파수꾼을 세우시고 내 입술의 문을 지키소서

엡 5:4 _ 누추함과 어리석은 말이나 희롱의 말이 마땅치 아니하니 오히려 감사하는 말을 하라

3) 그리스도인의 치열한 영적 전쟁은 하나님 나라를 확장하기 위한 것입니다. 성도의 일상에 남아 있는 영적 전투에서 하나님의 통치를 경험하기 위해 주의해야 할 일은 무엇입니까? (대하 20:15c; 엡 4:26-27; 벧전 5:8)

대하 20:15c _ 두려워하거나 놀라지 말라 이 전쟁이 너희에게 속한 것이 아니요 하나님께 속한 것이니라

엡 4:26-27 _ 26 분을 내어도 죄를 짓지 말며 해가 지도록 분을 품지 말고 27 마귀에게 틈을 주지 말라

벧전 5:8 _ 근신하라 깨어라 너희 대적 마귀가 우는 사자 같이 두루 다니며 삼킬 자를 찾나니

새로운 여정을 향해

1. 이번 과에서 영적 전쟁에 관해 새롭게 깨닫거나 도전 받은 바를 나누어 봅시다.

2. 사탄이 자주 공격하는 나의 연약함은 무엇입니까? 어떻게 대처해야 승리할 수 있을지 고민하며 나누어 봅시다.

3. 성도의 영적 전쟁은 이미 승리한 싸움입니다. 이 사실을 아는 것이 성도의 영적 전쟁에 어떤 영향을 끼칩니까?

과제 준비하기

성경 암송 ☐

시 119:71 _ 고난 당한 것이 내게 유익이라 이로 말미암아 내가 주의 율례들을 배우게 되었나이다

벧전 4:13 _ 오히려 너희가 그리스도의 고난에 참여하는 것으로 즐거워하라 이는 그의 영광을 나타내실 때에 너희로 즐거워하고 기뻐하게 하려 함이라

큐티 나눔 ☐   **성경 통독** ☐

memo

"역전의 은혜를 경험하라"

인생에서 결코 피할 수 없는 고난,
이는 하나님의 소망을 찾는 시간이다.

열한 번째 동행 **고난**

♫ 은혜의 찬양 522장 | 만왕의 왕 내 주께서

　　　그리스도인은 영적 전쟁을 결코 피할 수 없습니다. 사탄이 우는 사자와 같이 두루 다니며 삼킬 자를 찾기 때문입니다. 성도는 매일 삶에서 치열하게 일어나는 영적 전쟁을 인지하고 깨어 있어야 합니다. 하나님의 전신 갑주를 입고 무장해야 하며 예수님의 이름과 말씀의 능력으로 싸워야 합니다. 이미 승리하신 예수님의 능력으로 나아갈 때 이 싸움에서 승리할 수 있습니다.

　피할 수 없다는 측면에서 인생의 고난도 영적 전쟁과 참 비슷합니다. 피하고 싶지만 피할 수 없고, 피했다 싶으면 여지없이 다시 찾아오기 때문입니다. 우리는 왜 하나님이 고난을 허락하시는지, 어떻게 헤쳐 나가야 하는지에 대해 수많은 의문을 안고 살아갑니다. 그럼에도 분명한 사실은 바로 그때 하나님 안에 있는 참 소망을 발견하게 된다는 것입니다.

🗨 지난 여정 나누기

1. 지난 한 주 동안 삶에서 가장 치열했던 영적 전투의 현장은 어디입니까? 영적 전쟁이 있다는 사실을 인지하고 난 후, 생각과 태도는 어떻게 바뀌었습니까?

2. 현재 겪고 있는 고난과 시련이 있다면 나누어 봅시다.

📝 과제 점검하기

성경 암송 ☐

시 119:71 _ 고난 당한 것이 내게 유익이라 이로 말미암아 내가 주의 율례들을 배우게 되었나이다

벧전 4:13 _ 오히려 너희가 그리스도의 고난에 참여하는 것으로 즐거워하라 이는 그의 영광을 나타내실 때에 너희로 즐거워하고 기쁘하게 하려 함이라

큐티 나눔 ☐   성경 통독 ☐

 **말씀 산책**

고난을 즐거워하라

베드로전서 4:12-16

12 사랑하는 자들아 너희를 연단하려고 오는 불 시험을 이상한 일 당하는 것 같이 이상히 여기지 말고 13 오히려 너희가 그리스도의 고난에 참여하는 것으로 즐거워하라 이는 그의 영광을 나타내실 때에 너희로 즐거워하고 기뻐하게 하려 함이라 14 너희가 그리스도의 이름으로 치욕을 당하면 복 있는 자로다 영광의 영 곧 하나님의 영이 너희 위에 계심이라 15 너희 중에 누구든지 살인이나 도둑질이나 악행이나 남의 일을 간섭하는 자로 고난을 받지 말려니와 16 만일 그리스도인으로 고난을 받으면 부끄러워하지 말고 도리어 그 이름으로 하나님께 영광을 돌리라

 묵상 질문

1. 성도가 받는 고난에는 크게 두 가지가 있습니다. 무엇입니까? (15-16a절)

2. 그리스도인이라는 이유로 고난 받는 것을 이상히 여기거나 부끄러워하지 않고, 오히려 즐거워해야 하는 이유는 무엇입니까? (13-14, 16절; 골 1:24)

3. 예수님은 우리가 겪는 고난을 어떻게 여기십니까? (행 9:4-5)

_____

_____

_____

[1] 인생의 난제, 고난

인생은 결코 쉽지 않습니다. 누구나 살면서 고난과 시련을 마주하게 됩니다. 고난은 말 그대로 인생의 난제입니다. 성경은 '고난의 책'이라고 해도 과언이 아닐 정도로 고난의 문제를 많이 다루고 있습니다. 그래서 우리는 성경을 통해 고난을 알고 올바르게 이해할 때, 고난에 대한 바른 태도를 가질 수 있습니다.

예수님의 고난

1) 기독교는 고난을 다루는 관점이 다른 종교와 크게 다릅니다. 하나님의 아들이신 예수께서 친히 이 땅에 오셔서 죄인을 위해 죽으심으로 고난을 자처하셨기 때문입니다. 예수님은 어떤 고난을 받으셨습니까? (사 53:3-5; 마 16:21, 27:26)

_____

_____

_____

사 53:3-5 _ 3 그는 멸시를 받아 사람들에게 버림 받았으며 간고를 많이 겪었으며 질고를 아는 자라 마치 사람들이 그에게서 얼굴을 가리는 것 같이 멸시를 당하였고 우리도 그를 귀히 여기지 아니하였도다 4 그는 실로 우리의 질고를 지고 우리의 슬픔을 당하였거늘 우리는 생각하기를 그는 징벌을 받아 하나님께 맞으며 고난을 당한다 하였노라 5 그가 찔림은 우리의 허물 때문이요 그가 상함은 우리의 죄악 때문이라 그가 징계를 받으므로 우리는 평화를 누리고 그가 채찍에 맞으므로 우리는 나음을 받았도다

마 16:21 _ 이 때로부터 예수 그리스도께서 자기가 예루살렘에 올라가 장로들과 대제사장들과 서기관들에게 많은 고난을 받고 죽임을 당하고 제삼일에 살아나야 할 것을 제자들에게 비로소 나타내시니

마 27:26 _ 이에 바라바는 그들에게 놓아 주고 예수는 채찍질하고 십자가에 못 박히게 넘겨 주니라

고난은 있다

2) 예수님조차 고난을 받으셨기 때문에 우리 인생에 고난이 있는 것이 어색하지 않습니다. 고난은 그 누구도 피할 수 없습니다. 인생에 찾아오는 고난을 성경은 어떻게 설명합니까? (전 3:10; 요 15:19; 벧전 3:17)

전 3:10 _ 하나님이 인생들에게 노고를 주사 애쓰게 하신 것을 내가 보았노라

요 15:19 _ 너희가 세상에 속하였으면 세상이 자기의 것을 사랑할 것이나 너희는 세상에 속한 자가 아니요 도리어 내가 너희를 세상에서 택하였기 때문에 세상이 너희를 미워하느니라

벧전 3:17 _ 선을 행함으로 고난 받는 것이 하나님의 뜻일진대 악을 행함으로 고난 받는 것보다 나으니라

3) 인생에 찾아오는 고난과 시련에는 여러 원인이 있습니다. 성경은 그 원인을 무엇이라고 말씀합니까? 성경 구절을 찾아서 괄호를 채워 보세요.

(1) (　　　　　) 의 타락과 저주로 인한 고난 (창 3:17-18)

(2) (　　　　　) 의 죄로 인한 고난 (창 42:21-22, 44:16)

(3) (　　　　　) 의 죄로 인한 고난 (창 37:23-24, 28)

(4) (　　　　　) 으로 주어지는 고난 (창 22:1-2; 고후 7:9-11)

(5) (　　　　　) 를 위해 살아갈 때 주어지는 고난 (고후 1:5; 딤후 1:8; 벧전 4:12-14)

> 우리는 산꼭대기에서 하는 경험보다 골짜기에서 하는 경험을 통해 더 많은 것을 배운다. _찰스 스탠리

2 고난 다시 보기

'춘화현상'(春化現象)이란 매서운 엄동설한을 지나야 하는 식물에 저온을 유지해 주어서 꽃을 피우게 하는 것을 일컫는 용어입니다. 개나리와 튤립, 백합, 라일락, 철쭉, 진달래 같은 식물이 이에 속합니다. 인생도 마치 이런 춘화현상을 거쳐 피어난 꽃과 같습니다. 인생에서도 아름다운 꽃을 피우기 위해서 때로는 낮은 온도를 견뎌야 할 때가 있습니다. 그러므로 고난을 마냥 두려워하고 피할 것이 아니라 새로운 관점으로 해석해야 합니다. 하나님이 이를 통해 주시고자 하는 좋은 것이 아주 많기 때문입니다.

고난은 과연 악인가

1) 사람들은 할 수만 있다면 고난을 덜 받거나 피하는 것이 지혜라고 말합니다. 이렇게 말하는 이유는 '고난은 악하다' 또는 적어도 '고난은 선하지 않다'라고 생각하기 때문입니다. 성경은 고난에 대해 어떤 태도를 취합니까? (욥 23:10; 시 119:71; 벧전 4:13)

_____

_____

_____

욥 23:10 _ 그러나 내가 가는 길을 그가 아시나니 그가 나를 단련하신 후에는 내가 순금 같이 되어 나오리라

시 119:71 _ 고난 당한 것이 내게 유익이라 이로 말미암아 내가 주의 율례들을 배우게 되었나이다

벧전 4:13 _ 오히려 너희가 그리스도의 고난에 참여하는 것으로 즐거워하라 이는 그의 영광을 나타내실 때에 너희로 즐거워하고 기뻐하게 하려 함이라

고난을 이겨 낸 하나님의 사람들

2) 하나님은 그분의 자녀들에게도 고난과 시련을 허락하십니다. 그 고난 속에서 수많은 사람이 하나님과 만나고 동행하며 친밀함을 누렸습니다. 다음 성경 구절에서 하나님의 사람들은 고난을 겪으면서 어떤 고백을 했는지 살펴보고, 어떻게 그렇게 할 수 있었는지 나누어 봅시다 (창 45:5; 삿 16:28; 고후 1:8-9).

_____

_____

_____

창 45:5 _ 당신들이 나를 이 곳에 팔았다고 해서 근심하지 마소서 한탄하지 마소서 하나님이 생명을 구원하시려고 나를 당신들보다 먼저 보내셨나이다

삿 16:28 _ 삼손이 여호와께 부르짖어 이르되 주 여호와여 구하옵나니 나를 생각하옵소서 하나님이여 구하옵나니 이번만 나를 강하게 하사 나의 두 눈을 뺀 블레셋 사람에게 원수를 단번에 갚게 하옵소서 하고

고후 1:8-9 _ 8 형제들아 우리가 아시아에서 당한 환난을 너희가 모르기를 원하지 아니하노니 힘에 겹도록 심한 고난을 당하여 살 소망까지 끊어지고 9 우리는 우리 자신이 사형 선고를 받은 줄 알았으니 이는 우리로 자기를 의지하지 말고 오직 죽은 자를 다시 살리시는 하나님만 의지하게 하심이라

고난의 유익 – 구원과 위로

3) 성경은 고난이 성도에게 어떤 유익을 준다고 말씀합니까? (시 34:19, 119:71; 고후 1:5; 벧전 3:14)

시 34:19 _ 의인은 고난이 많으나 여호와께서 그의 모든 고난에서 건지시는도다

시 119:71 _ 고난 당한 것이 내게 유익이라 이로 말미암아 내가 주의 율례들을 배우게 되었나이다

고후 1:5 _ 그리스도의 고난이 우리에게 넘친 것 같이 우리가 받는 위로도 그리스도로 말미암아 넘치는도다

벧전 3:14 _ 그러나 의를 위하여 고난을 받으면 복 있는 자니 그들이 두려워하는 것을 두려워하지 말며 근심하지 말고

고난의 유익 – 축복의 통로

4) 고난을 믿음으로 통과하면 자신뿐만 아니라 타인에게도 유익합니다. 자신이 겪은 고통으로 다른 이들에게 어떤 유익을 줄 수 있는지 나누어 봅시다 (창 45:5; 삼상 22:1-2; 히 2:18).

창 45:5 _ 당신들이 나를 이 곳에 팔았다고 해서 근심하지 마소서 한탄하지 마소서 하나님이 생명을 구원하시려고 나를 당신들보다 먼저 보내셨나이다

삼상 22:1-2 _ 1 그러므로 다윗이 그 곳을 떠나 아둘람 굴로 도망하매 그의 형제와 아버지의 온 집이 듣고 그리로 내려가서 그에게 이르렀고 2 환난 당한 모든 자와 빚진 모든 자와 마음이 원통한 자가 다 그에게로 모였고 그는 그들의 우두머리가 되었는데 그와 함께 한 자가 사백 명 가량이었더라

히 2:18 _ 그가 시험을 받아 고난을 당하셨은즉 시험 받는 자들을 능히 도우실 수 있느니라

3 고난의 결과, 소망

그리스도인에게 고난과 시련은 물론 힘들고 어려운 것이지만 결코 그것이 끝이 아닙니다. 성경은 그 과정과 끝에 반드시 하나님의 복이 있다고 말씀합니다. 그리스도인은 고난을 겪어도 결코 망하거나 실족하지 않습니다. 성도는 고난으로 하나님의 꿈과 비전을 이루고 영광을 경험합니다. 고난을 극복하고 역전의 은혜를 누리는가 하면, 그 속에서 소망을 발견하기도 합니다.

고난은 하나님의 비전과 영광을 이룬다

1) 그리스도인의 삶에 찾아오는 고난은 하나님의 꿈과 비전을 이루는 재료가 됩니다. 성도는 이를 통해 예수님과 함께 영광을 누리게 됩니다. 성경은 이에 대해 어떻게 말씀합니까? (욥 42:5; 롬 8:17; 빌 2:8-9; 벧전 5:9- 10)

욥 42:5 _ 내가 주께 대하여 귀로 듣기만 하였사오나 이제는 눈으로 주를 뵈옵나이다

롬 8:17 _ 자녀이면 또한 상속자 곧 하나님의 상속이요 그리스도와 함께 한 상속자니 우리가 그와 함께 영광을 받기 위하여 고난도 함께 받아야 할 것이니라

빌 2:8-9 _ 8 사람의 모양으로 나타나사 자기를 낮추시고 죽기까지 복종하셨으니 곧 십자가에 죽으심이라 9 이러므로 하나님이 그를 지극히 높여 모든 이름 위에 뛰어난 이름을 주사

벧전 5:9-10 _ 9 너희는 믿음을 굳건하게 하여 그를 대적하라 이는 세상에 있는 너희 형제들도 동일한 고난을 당하는 줄을 앎이라 10 모든 은혜의 하나님 곧 그리스도 안에서 너희를 부르사 자기의 영원한 영광에 들어가게 하신 이가 잠깐 고난을 당한 너희를 친히 온전하게 하시며 굳건하게 하시며 강하게 하시며 터를 견고하게 하시리라

고난은 역전의 은혜를 맛보게 한다

2) 하나님은 그리스도인에게 고난을 이길 힘을 주십니다. 고난 때문에 실족하지 않고 믿음으로 견디게 하시며, 결국 주님의 은혜를 누리게 하십니다. 성도의 인생에 찾아온 고난은 결국 어떤 은혜를 경험하게 합니까? (룻 4:14; 욥 42:10; 시 34:19)

룻 4:14 _ 여인들이 나오미에게 이르되 찬송할지로다 여호와께서 오늘 네게 기업 무를 자가 없게 하지 아니하셨도다 이 아이의 이름이 이스라엘 중에 유명하게 되기를 원하노라

욥 42:10 _ 욥이 그의 친구들을 위하여 기도할 때 여호와께서 욥의 곤경을 돌이키시고 여호와께서 욥에게 이전 모든 소유보다 갑절이나 주신지라

시 34:19 _ 의인은 고난이 많으나 여호와께서 그의 모든 고난에서 건지시는도다

3) 성도들은 고난 가운데 있을 때 역전의 은혜를 기대하지만, 모든 고난
   과 시련이 해결되는 것은 아닙니다. 해결되지 않는 문제나 평생 짊어지
   고 가야 할 고난을 만날 때, 어떤 태도를 보여야 합니까? 그런 고난이
   성도의 삶에 어떤 유익을 주는지 나누어 봅시다(막 13:13; 롬 5:3-4,
   8:18; 고후 12:7).

막 13:13 _ 또 너희가 내 이름으로 말미암아 모든 사람에게 미움을 받을 것이나 끝까
지 견디는 자는 구원을 받으리라

롬 5:3-4 _ 3 다만 이뿐 아니라 우리가 환난 중에도 즐거워하나니 이는 환난은 인내
를, 4 인내는 연단을, 연단은 소망을 이루는 줄 앎이로다

롬 8:18 _ 생각하건대 현재의 고난은 장차 우리에게 나타날 영광과 비교할 수 없도다

고후 12:7 _ 여러 계시를 받은 것이 지극히 크므로 너무 자만하지 않게 하시려고 내
육체에 가시 곧 사탄의 사자를 주셨으니 이는 나를 쳐서 너무 자만하지 않게 하려
하심이라

> 이 세상에서 시련과 고난을 만났을 때, 우리가 반응할 수 있는
> 것 중에서 신앙고백보다 더 중요하고도 세심한 믿음의 시금석
> 은 없습니다. _마틴 로이드 존스

새로운 여정을 향해

1. 이 과를 공부하고 고난과 시련을 보는 관점이 바뀌었다면, 어떻게 바뀌었
   는지 나누어 봅시다.

2. 성경은 "고난 당한 것이 내게 유익이라"(시 119:71)라고까지 표현합니다.
   지금 겪는 고난과 시련에 유익이 있다면 나누어 봅시다.

3. 성도는 고난을 피할 수 없습니다. 오히려 짊어져야 합니다. 지금 겪는 고
   난을 하나님이 해결해 주시지 않는 것 같을 때에도 성도가 보여야 할 태도
   는 무엇인지 나누어 봅시다.

과제 준비하기

성경 암송 ☐

빌 2:13 _ 너희 안에서 행하시는 이는 하나님이시니 자기의 기쁘신 뜻을 위하여 너희에게 소원을 두고 행하게 하시나니

계 7:9-10 _ 9 이 일 후에 내가 보니 각 나라와 족속과 백성과 방언에서 아무도 능히 셀 수 없는 큰 무리가 나와 흰 옷을 입고 손에 종려 가지를 들고 보좌 앞과 어린 양 앞에 서서 10 큰 소리로 외쳐 이르되 구원하심이 보좌에 앉으신 우리 하나님과 어린 양에게 있도다 하니

큐티 나눔 ☐   **성경 통독** ☐

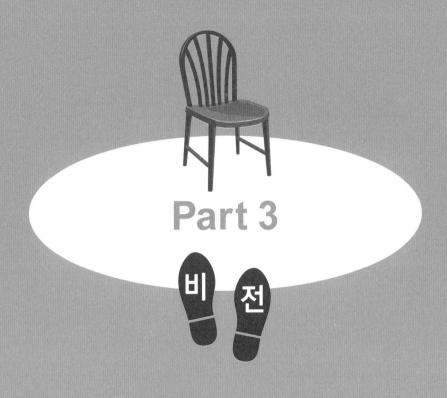

Part 3

비전

꿈만 같습니다

비전 | 교회 | 사랑 | 하나님 나라

memo

"성도에게는 꿈이 있다"

비전과 야망은 본질적으로 다르다.
비전은 우리를 끝까지 달려가게 만든다.

열두 번째 동행 **비전**

🎵 은혜의 찬양 416장 | 우리 보좌 앞에 모였네

인생에 찾아오는 고난과 시련은 분명 힘겹고 어려운 일입니다. 하지만 그리스도인은 이를 새로운 관점으로 이해하고 해석해야 합니다. 하나님은 분명 고난 중에 있는 성도에게 이길 힘을 주시고, 많은 유익과 위로를 허락하십니다. 그리스도인에게 고난은 결단코 끝이 아닙니다. 오히려 소망을 발견하고 하나님의 영광을 맛보는 시작점입니다. 또한 이는 하나님의 꿈과 비전을 이루어 가는 자양분입니다.

많은 사람이 비전을 자신이 미래에 이루고 싶은 소원 또는 청사진 정도로 이해합니다. 그러나 비전은 그런 것이 아닙니다. 비전은 하나님의 눈으로 자신을 보고, 세상을 보는 것입니다. 결국 하나님이 그리스도인을 부르신 이유와 목적도 하나님께서 우리에게 비전을 주시고, 이에 동참시키고자 하시는 거룩한 초대인 것입니다.

1. 지난 한 주 동안 이전과 다른 태도로 고난과 시련을 받아들이고 해석했다면 그 경험을 나누어 봅시다.

2. 현재 품고 있는 비전이 무엇인지, 이를 이루기 위해 어떤 노력을 하고 있는지 나누어 봅시다.

📝 과제 점검하기

성경 암송 ☐

빌 2:13 _ 너희 안에서 행하시는 이는 하나님이시니 자기의 기쁘신 뜻을 위하여 너희에게 소원을 두고 행하게 하시나니

계 7:9-10 _ 9 이 일 후에 내가 보니 각 나라와 족속과 백성과 방언에서 아무도 능히 셀 수 없는 큰 무리가 나와 흰 옷을 입고 손에 종려 가지를 들고 보좌 앞과 어린 양 앞에 서서 10 큰 소리로 외쳐 이르되 구원하심이 보좌에 앉으신 우리 하나님과 어린 양에게 있도다 하니

큐티 나눔 ☐   성경 통독 ☐

 **말씀 산책**

하나님이 주신 비전에 도전하라

여호수아 14:12

12 그 날에 여호와께서 말씀하신 이 산지를 지금 내게 주소서 당신도 그 날에 들으셨거니와 그 곳에는 아낙 사람이 있고 그 성읍들은 크고 견고할지라도 여호와께서 나와 함께 하시면 내가 여호와께서 말씀하신 대로 그들을 쫓아내리이다 하니

 묵상 질문

1. 갈렙은 비전을 품은 지 45년이 지난 85세에도 여전히 강건하였습니다 (11절). 이 사실이 나에게 주는 도전은 무엇입니까?

2. 비전의 사람이 가져야 할 첫 번째 믿음은 무엇입니까? (14절)

3. 비전의 사람이 가져야 할 두 번째 믿음은 무엇입니까? (12절b)

4. 하나님의 사람으로서 정복해야 할 내 인생의 산지는 무엇입니까?

---

1 비전 – 하나님의 이야기

비전의 원천은 하나님입니다. 하나님은 지금도 당신의 뜻을 이 땅에 펼치고 계십니다. 역사가 하나님의 뜻 안에 있고, 그 역사 안에 그분의 비전이 담겨 있습니다. 하나님은 자신의 원대한 꿈을 이 세상에서 이루어 가십니다. 하나님의 비전은 천지를 창조하시고 하나님의 형상대로 인간을 만드신 일에도, 타락한 인간을 구원하고자 예수 그리스도를 이 땅에 보내셔서 십자가 구원을 이룬 사건에도 담겨 있습니다. 하나님은 성령님의 인도하시는 섭리와 개입을 통해 예수님의 재림과 하나님 나라의 최종 완성을 위한 자신의 비전을 이루어 가고 계십니다.

창조에 나타난 하나님의 비전

1) 창조 사건에는 하나님의 꿈과 비전이 담겨 있습니다. 더불어 그분의 열정과 사랑을 느낄 수 있습니다. 창조 사건에 담긴 하나님의 비전은 무엇입니까? (창 1:27-28, 31)

창 1:27-28, 31 _ 27 하나님이 자기 형상 곧 하나님의 형상대로 사람을 창조하시되 남자와 여자를 창조하시고 28 하나님이 그들에게 복을 주시며 하나님이 그들에게 이르시되 생육하고 번성하여 땅에 충만하라, 땅을 정복하라, 바다의 물고기와 하늘의 새와 땅에 움직이는 모든 생물을 다스리라 하시니라 31 하나님이 지으신 그 모든 것을 보시니 보시기에 심히 좋았더라 저녁이 되고 아침이 되니 이는 여섯째 날이니라

구원에 나타난 하나님의 비전

2) 하나님은 불순종으로 죄를 범한 인간을 버려두지 않으시고 예수 그리스도를 보내셨습니다. 인간이 타락함으로 하나님과 인간의 관계가 깨어졌지만, 하나님은 구원의 은총을 베푸셨습니다. 예수님의 구원 사건에 담긴 하나님의 비전은 무엇입니까? (막 1:15; 요 1:12; 롬 5:8; 엡 2:13-14)

막 1:15 _ 이르시되 때가 찼고 하나님의 나라가 가까이 왔으니 회개하고 복음을 믿으라 하시더라

요 1:12 _ 영접하는 자 곧 그 이름을 믿는 자들에게는 하나님의 자녀가 되는 권세를 주셨으니

롬 5:8 _ 우리가 아직 죄인 되었을 때에 그리스도께서 우리를 위하여 죽으심으로 하나님께서 우리에 대한 자기의 사랑을 확증하셨느니라

엡 2:13-14 _ 13 이제는 전에 멀리 있던 너희가 그리스도 예수 안에서 그리스도의 피로 가까워졌느니라 14 그는 우리의 화평이신지라 둘로 하나를 만드사 원수 된 것 곧 중간에 막힌 담을 자기 육체로 허시고

최종 완성의 때에 나타날 하나님의 비전

3) 예수 그리스도를 통해 이루어진 위대한 회복은 예수님이 다시 오실 때까지 교회를 통해 완성될 것입니다. 종말의 때에 최종적으로 성취하실 하나님의 꿈과 비전은 무엇입니까? (사 11:9; 합 2:14; 계 21:6-7)

사 11:9 _ 내 거룩한 산 모든 곳에서 해 됨도 없고 상함도 없을 것이니 이는 물이 바다를 덮음 같이 여호와를 아는 지식이 세상에 충만할 것임이니라

합 2:14 _ 이는 물이 바다를 덮음 같이 여호와의 영광을 인정하는 것이 세상에 가득함이니라

계 21:6-7 _ 6 또 내게 말씀하시되 이루었도다 나는 알파와 오메가요 처음과 마지막이라 내가 생명수 샘물을 목마른 자에게 값없이 주리니 7 이기는 자는 이것들을 상속으로 받으리라 나는 그의 하나님이 되고 그는 내 아들이 되리라

2 성도는 비전의 사람이다

비전은 하나님께로부터 출발합니다. 하나님의 꿈과 비전에 시선을 둔 사람이 바로 성도입니다. 하나님께서는 사람을 통해 역사 안에서 당신의 뜻과 비전을 성취해 가십니다. 그러므로 그리스도인은 하나님의 비전에 동참하는 꿈의 사람이어야 합니다. 세상에도 꿈꾸는 사람은 많습니다. 그러나 그 꿈은 대부분 자신에게서 출발한 야망일 수 있습니다. 비전과 야망은 비슷해 보이지만 그 결말은 전혀 다릅니다. 성도는 하나님의 꿈을 품은 비전의 사람이 되어 그 끝에서 하나님의 영광을 보는 사람입니다.

비전은 보는 것이다

1) 하나님의 비전을 소유한 사람은 결국 그것을 보고 발견한 사람입니다. 눈이 있어도 보지 못하면 비극입니다. 그리스도인은 남들이 보지 못하

는 것을 보는 사람입니다. 성도는 무엇을 보아야 하고, 또 볼 수 있습니까? (마 13:44; 행 7:55-56; 계 7:9-10)

마 13:44 _ 천국은 마치 밭에 감추인 보화와 같으니 사람이 이를 발견한 후 숨겨 두고 기뻐하며 돌아가서 자기의 소유를 다 팔아 그 밭을 사느니라

행 7:55-56 _ 55 스데반이 성령 충만하여 하늘을 우러러 주목하여 하나님의 영광과 및 예수께서 하나님 우편에 서신 것을 보고 56 말하되 보라 하늘이 열리고 인자가 하나님 우편에 서신 것을 보노라 한대

계 7:9-10 _ 9 이 일 후에 내가 보니 각 나라와 족속과 백성과 방언에서 아무도 능히 셀 수 없는 큰 무리가 나와 흰 옷을 입고 손에 종려 가지를 들고 보좌 앞과 어린 양 앞에 서서 10 큰 소리로 외쳐 이르되 구원하심이 보좌에 앉으신 우리 하나님과 어린 양에게 있도다 하니

비전과 야망

2) 비전과 야망은 분명히 다릅니다. 야망은 나로부터 시작되고, 비전은 하나님께로부터 주어집니다. 다음 구절을 참고해 이 둘이 어떻게 다른지 나누어 봅시다(창 13:10; 시 119:36-37; 빌 2:13).

창 13:10 _ 이에 롯이 눈을 들어 요단 지역을 바라본즉 소알까지 온 땅에 물이 넉넉하니 여호와께서 소돔과 고모라를 멸하시기 전이었으므로 여호와의 동산 같고 애굽 땅과 같았더라

시 119:36-37 _ 36 내 마음을 주의 증거들에게 향하게 하시고 탐욕으로 향하지 말게 하소서 37 내 눈을 돌이켜 허탄한 것을 보지 말게 하시고 주의 길에서 나를 살아나게 하소서

빌 2:13 _ 너희 안에서 행하시는 이는 하나님이시니 자기의 기쁘신 뜻을 위하여 너희에게 소원을 두고 행하게 하시나니

어떻게 비전을 이룰 것인가

3) 그리스도인은 하나님이 바라보는 눈으로 세상과 자신을 비추어 보는 비전의 사람입니다. 그렇다면 비전의 사람은 하나님이 주신 꿈을 어떻게 성취합니까? (창 15:5, 37:6; 마 25:21)

창 15:5 _ 그를 이끌고 밖으로 나가 이르시되 하늘을 우러러 뭇별을 셀 수 있나 보라 또 그에게 이르시되 네 자손이 이와 같으리라

창 37:6 _ 요셉이 그들에게 이르되 청하건대 내가 꾼 꿈을 들으시오

마 25:21 _ 그 주인이 이르되 잘하였도다 착하고 충성된 종아 네가 적은 일에 충성하였으매 내가 많은 것을 네게 맡기리니 네 주인의 즐거움에 참여할지어다 하고

인간 생애 최고의 날은 자기 인생의 사명감을 자각하는 날이다.

_카를 힐티

그리스도인은 하나님이 주신 비전을 이루기 위해 부름을 받았습니다. 하나님은 하나님의 꿈과 비전을 품은 사람을 사용하십니다. 그러므로 비전이 없는 성도는 살아 있으나 죽은 성도입니다. 잠언 기자는 "묵시가 없으면 백성이 방자히 행하거니와"(잠 29:18)라고 말했습니다. 비전이 없으면 방향을 잃고 인생을 낭비하게 됩니다. 하나님의 비전은 성도의 인생에 집중력을 주고, 고난과 역경을 이길 힘도 가져다줍니다. 그러므로 비전은 성도가 끝까지 달려갈 힘이 됩니다.

비전의 사람 – 하나님의 통치를 받는다

1) 하나님의 비전은 하나님 나라의 도래입니다. 하나님 나라의 현존과 확장이 그분의 꿈이라면 비전의 사람은 하나님 나라를 맛보고 경험하게 됩니다. 다음 성경 구절에서 찾아볼 비전을 품은 사람의 첫 번째 특징은 무엇입니까? (마 6:9-10; 눅 17:21; 벧전 2:9)

마 6:9-10 _ 9 그러므로 너희는 이렇게 기도하라 하늘에 계신 우리 아버지여 이름이 거룩히 여김을 받으시오며 10 나라가 임하시오며 뜻이 하늘에서 이루어진 것 같이 땅에서도 이루어지이다

눅 17:21 _ 또 여기 있다 저기 있다고도 못하리니 하나님의 나라는 너희 안에 있느니라

벧전 2:9 _ 그러나 너희는 택하신 족속이요 왕 같은 제사장들이요 거룩한 나라요 그의 소유가 된 백성이니 이는 너희를 어두운 데서 불러 내어 그의 기이한 빛에 들어가게 하신 이의 아름다운 덕을 선포하게 하려 하심이라

2) 비전의 사람은 하나님의 뜻을 깨닫고 발견합니다. 그러므로 비전의 사람은 기도하는 사람입니다. 기도하며 하나님의 뜻을 깨닫고, 기도로 모든 일을 해석합니다. 다음 성경 구절을 볼 때 비전을 품은 사람의 두 번째 특징은 무엇입니까? (왕하 6:17; 단 6:10; 마 26:39)

왕하 6:17 _ 기도하여 이르되 여호와여 원하건대 그의 눈을 열어서 보게 하옵소서 하니 여호와께서 그 청년의 눈을 여시매 그가 보니 불말과 불병거가 산에 가득하여 엘리사를 둘렀더라

단 6:10 _ 다니엘이 이 조서에 왕의 도장이 찍힌 것을 알고도 자기 집에 돌아가서는 윗방에 올라가 예루살렘으로 향한 창문을 열고 전에 하던 대로 하루 세 번씩 무릎을 꿇고 기도하며 그의 하나님께 감사하였더라

마 26:39 _ 조금 나아가사 얼굴을 땅에 대시고 엎드려 기도하여 이르시되 내 아버지여 만일 할 만하시거든 이 잔을 내게서 지나가게 하옵소서 그러나 나의 원대로 마시옵고 아버지의 원대로 하옵소서 하시고

비전의 사람 – 역경을 극복한다

3) 세상은 꿈꾸는 사람을 미워합니다. 요셉도 오랜 세월을 자신이 꾼 꿈 때문에 고난을 겪었습니다. 만약 고난과 역경을 통과하지 않고 자신의 꿈이 이루어진다면, 스스로 교만해져서 하나님을 잊어버릴 수 있습니

다. 다음 성경 구절을 볼 때 비전을 품은 사람의 세 번째 특징은 무엇입니까? (창 37:8, 45:5; 삼상 1:10, 18; 행 20:24)

창 37:8 _ 그의 형들이 그에게 이르되 네가 참으로 우리의 왕이 되겠느냐 참으로 우리를 다스리게 되겠느냐 하고 그의 꿈과 그의 말로 말미암아 그를 더욱 미워하더니

창 45:5 _ 당신들이 나를 이곳에 팔았다고 해서 근심하지 마소서 한탄하지 마소서 하나님이 생명을 구원하시려고 나를 당신들보다 먼저 보내셨나이다

삼상 1:10, 18 _ 10 한나가 마음이 괴로워서 여호와께 기도하고 통곡하며 18 이르되 당신의 여종이 당신께 은혜 입기를 원하나이다 하고 가서 먹고 얼굴에 다시는 근심 빛이 없더라

행 20:24 _ 내가 달려갈 길과 주 예수께 받은 사명 곧 하나님의 은혜의 복음을 증언하는 일을 마치려 함에는 나의 생명조차 조금도 귀한 것으로 여기지 아니하노라

눈이 있어 보기는 해도 비전이 없다면, 그 사람은 가장 불쌍한 사람이다. _헬렌 켈러

1. 이번 과에서 비전에 대해 새롭게 깨닫거나 도전받은 부분이 있다면 나누어 봅시다.

2. 현재 나를 달려가게 하는 인생의 가장 큰 꿈은 무엇입니까? 그 꿈은 하나님이 주신 비전에 가깝습니까, 나에게서 시작된 야망에 가깝습니까?

3. 하나님이 주신 비전이라도 결코 그냥 이루어지지 않습니다. 비전은 인내와 충성으로 성취할 수 있습니다. 하나님의 비전을 위해 현재 충성해야 할 일은 무엇인지 나누어 봅시다.

과제 준비하기

성경 암송 ☐

마 16:18 _ 또 내가 네게 이르노니 너는 베드로라 내가 이 반석 위에 내 교회를 세우리니 음부의 권세가 이기지 못하리라

엡 1:23 _ 교회는 그의 몸이니 만물 안에서 만물을 충만하게 하시는 이의 충만함이니라

큐티 나눔 ☐   **성경 통독** ☐

"건강한 교회, 행복한 교회"

교회는 예수님의 비전을 함께 이루어 가는 비전 공동체이다.
당신은 예수님의 비전을 품은 건강한 교회인가?

열세 번째 동행 **교회**

♫ 은혜의 찬양 297장 | 여기에 모인 우리

하나님은 우리를 부르시고 비전을 주셨습니다. 하나님은 역사 안에서 비전을 이루어 가실 때 사람을 사용하십니다. 그래서 많은 하나님의 사람이 그분의 비전에 사로잡혀 그분이 사용하시는 비전의 사람으로 살아갔습니다. 이처럼 예수님은 개개인을 하나님의 비전과 동행하도록 부르십니다. 그러나 하나님의 비전은 결코 영웅과 같은 한 사람에 의해서 이루어지는 것이 아닙니다. 하나님은 교회 공동체를 통해 하늘 비전을 이루어 나가십니다.

하나님은 성도를 교회로 부르십니다. 교회는 건물이나 시스템이 아니라 부름받은 성도의 공동체입니다. 하나님은 우리를 교회로 부르시고, 머리 되신 예수 그리스도의 몸에 연결하셨습니다. 교회는 예수 그리스도와 연합한 유기적 공동체입니다. 그러므로 그리스도와 연합한 교회는 그분과 함께 하나님 나라를 완성할 것입니다. 우리는 이 땅에서 교회로서 영광을 누리며, 장차 천국에서 완전한 형태의 교회를 경험할 것입니다. 교회가 주님의 통치로 충만할 때, 비로소 천국을 맛보며 아름답게 세워질 것입니다.

1. 성도는 비전의 사람입니다. 한 주 동안 비전의 사람으로서 어떻게 인내하고 충성했는지 나누어 봅시다.

2. 그동안 교회를 어떻게 이해했습니까? 교회의 역할이 무엇이라고 생각합니까?

 과제 점검하기

성경 암송 ☐

마 16:18 _ 또 내가 네게 이르노니 너는 베드로라 내가 이 반석 위에 내 교회를 세우리니 음부의 권세가 이기지 못하리라

엡 1:23 _ 교회는 그의 몸이니 만물 안에서 만물을 충만하게 하시는 이의 충만함이니라

큐티 나눔 ☐   성경 통독 ☐

 **말씀 산책**

왜 예수 그리스도가 교회의 머리이신가?

골로새서 1:18

18 그는 몸인 교회의 머리시라 그가 근본이시요 죽은 자들 가운데서 먼저 나신 이시니 이는 친히 만물의 으뜸이 되려 하심이요

 **묵상 질문**

1. 왜 성경에서는 교회가 그리스도의 몸이며, 예수 그리스도가 교회의 머리시라고 말씀합니까? (고전 12:12-13, 25-26; 골 2:19)

2. 교회가 성장하려면 머리 되신 예수 그리스도를 붙잡고 있어야 합니다(골 2:19). 그렇다면 머리 되신 예수 그리스도를 붙잡는 것은 무엇을 의미합니까?

3. 왜 예수 그리스도가 교회의 머리가 되십니까?

4. 하나님은 예수 그리스도를 어떻게 지극히 높이셨습니까? (빌 2:9-11) 하늘에 있는 자들과 땅 위에 있는 자들은 누구입니까?

1 교회—부름받은 공동체

교회는 헬라어로 '에클레시아'입니다. 이 단어는 '밖으로 불러냄을 받은 자들'이라는 뜻입니다. 하나님은 성도를 어디에서 불러내셨습니까? 죄악 된 세상에서 구별해 불러내셨습니다. 그리고 그 부르심을 받은 성도들을 교회로 모으셨습니다. 교회는 세상에서 부름받은 성도들의 모임입니다. 그러므로 건물도, 어떤 종교 기관도 아닙니다. 교회는 부름을 받은 공동체입니다. 성도는 교회의 머리 되신 예수님과 친밀하게 관계를 맺고 있는 사람들입니다.

고백 위에 세워진 교회

1) 예수님은 제자들에게 자신이 누구인지 물으셨습니다. 그리고 베드로의 고백을 듣고, 그 위에 교회를 세우겠다고 말씀하셨습니다. 베드로는 어떤 고백을 했습니까? 이것은 무엇을 의미합니까? (마 16:16, 18-19)

마 16:16, 18-19 _ 16 시몬 베드로가 대답하여 이르되 주는 그리스도시요 살아 계신 하나님의 아들이시니이다 18 또 내가 네게 이르노니 너는 베드로라 내가 이 반석 위에 내 교회를 세우리니 음부의 권세가 이기지 못하리라 19 내가 천국 열쇠를 네게 주리니 네가 땅에서 무엇이든지 매면 하늘에서도 매일 것이요 네가 땅에서 무엇이든지 풀면 하늘에서도 풀리리라 하시고

예수님과 교회의 관계 1

2) 하나님은 예수 그리스도를 향한 믿음의 고백 위에 교회를 세우셨습니다. 그러므로 교회와 예수님은 결코 나눌 수 없는 밀접한 관계에 있습니다. 성경은 예수님과 교회의 관계를 다양한 예로 설명합니다. 다음 구절에서 예수님과 교회의 관계를 어떻게 묘사하는지 살펴봅시다(엡 1:23; 골 1:18; 계 19:7, 21:2).

엡 1:23 _ 교회는 그의 몸이니 만물 안에서 만물을 충만하게 하시는 이의 충만함이
니라

골 1:18 _ 그는 몸인 교회의 머리시라 그가 근본이시요 죽은 자들 가운데서 먼저 나
신 이시니 이는 친히 만물의 으뜸이 되려 하심이요

계 19:7 _ 우리가 즐거워하고 크게 기뻐하며 그에게 영광을 돌리세 어린 양의 혼인
기약이 이르렀고 그의 아내가 자신을 준비하였으므로

계 21:2 _ 또 내가 보매 거룩한 성 새 예루살렘이 하나님께로부터 하늘에서 내려오
니 그 준비한 것이 신부가 남편을 위하여 단장한 것 같더라

예수님과 교회의 관계 2

3) 성경은 예수님과 교회의 관계를 신랑과 신부, 한 몸에 연결된 머리와 지
체에 비유하여 설명합니다. 이처럼 예수님은 교회를 통해 성도와 친밀
한 관계를 맺으십니다. 그런데 성경은 예수님과 교회의 관계를 다른 관
점으로도 설명합니다. 그것은 무엇입니까? 이 말씀이 성도에게 주는 위
로는 무엇입니까? (고전 3:9-10; 엡 2:20-22)

고전 3:9-10 _ 9 우리는 하나님의 동역자들이요 너희는 하나님의 밭이요 하나님
의 집이니라 10 내게 주신 하나님의 은혜를 따라 내가 지혜로운 건축자와 같이 터
를 닦아 두매 다른 이가 그 위에 세우나 그러나 각각 어떻게 그 위에 세울까를 조
심할지니라

엡 2:20-22 _ 20 너희는 사도들과 선지자들의 터 위에 세우심을 입은 자라 그리스
도 예수께서 친히 모퉁잇돌이 되셨느니라 21 그의 안에서 건물마다 서로 연결하여
주 안에서 성전이 되어 가고 22 너희도 성령 안에서 하나님 거하실 처소가 되기 위
하여 그리스도 예수 안에서 함께 지어져 가느니라

4) 예수님과 교회는 친밀한 관계임을 우리는 알 수 있습니다. 교회로 부름
받은 성도가 예수님과 친밀한 관계를 맺는 데 방해가 되는 것은 무엇인
지 나누어 봅시다.

_____

_____

_____

> 권력에 대한 사랑은 교회를 가장 강하게 분열시킨다.
>
> _ 요한네스 크리소스토무스

2 교회의 비전

예수님과 교회는 떼려야 뗄 수 없는 유기적 관계입니다. 상호 의존적이
며 그 존재와 목적까지 서로 연결되어 있습니다. 그러므로 성도는 예수
님과 삶의 목적이 같아야 합니다. 예수님의 통치를 받는 교회는 그분과
같은 비전을 품을 수밖에 없습니다. 예수님은 교회를 향한 분명한 비전
과 목적을 갖고 계십니다. 그러므로 건강한 교회는 예수님의 비전을 깨
닫고, 함께 이루어 가야 합니다.

하나님의 임재가 충만한 교회

1) 교회는 예배하는 공동체입니다. 예배 안에서 하나님의 임재를 경험하
며, 하나님의 창조 목적을 이루어 갑니다. 하나님이 인간을 창조하시
고, 교회를 세우신 목적은 무엇입니까? (사 43:21; 요 4:23)

사 43:21 _ 이 백성은 내가 나를 위하여 지었나니 나를 찬송하게 하려 함이니라

요 4:23 _ 아버지께 참되게 예배하는 자들은 영과 진리로 예배할 때가 오나니 곧 이 때라 아버지께서는 자기에게 이렇게 예배하는 자들을 찾으시느니라

주님 오실 길을 예비하는 교회

2) 교회는 선교하는 공동체입니다. 예수님이 다시 오시는 그날에 모든 족속과 민족에게서 셀 수 없는 무리가 나와 하나님을 예배할 것입니다. 이 비전을 완성하기까지 주님이 오실 길을 예비해야 합니다. 예수님이 다시 오실 때까지 행하라고 교회에 주신 지상명령은 무엇입니까? (마 24:14; 행 1:8)

마 24:14 _ 이 천국 복음이 모든 민족에게 증언되기 위하여 온 세상에 전파되리니 그제야 끝이 오리라

행 1:8 _ 오직 성령이 너희에게 임하시면 너희가 권능을 받고 예루살렘과 온 유대와 사마리아와 땅 끝까지 이르러 내 증인이 되리라 하시니라

영향력 있는 사람을 세우는 교회

3) 교회는 훈련으로 사람을 세우는 공동체입니다. 주님이 오시기까지 지상명령을 감당하기 위해서는 끊임없이 하나님의 사람을 세우며 훈련

해야 합니다. 세상에 선한 영향력을 발휘하는 하나님의 사람을 세우기 위해 하나님은 교회에 무엇을 명령하셨습니까? (마 28:19-20; 딤전 4:7-8; 딤후 2:2)

마 28:19-20 _ 19 그러므로 너희는 가서 모든 민족을 제자로 삼아 아버지와 아들과 성령의 이름으로 세례를 베풀고 20 내가 너희에게 분부한 모든 것을 가르쳐 지키게 하라 볼지어다 내가 세상 끝날까지 너희와 항상 함께 있으리라 하시니라

딤전 4:7-8 _ 7 망령되고 허탄한 신화를 버리고 경건에 이르도록 네 자신을 연단하라 8 육체의 연단은 약간의 유익이 있으나 경건은 범사에 유익하니 금생과 내생에 약속이 있느니라

딤후 2:2 _ 또 네가 많은 증인 앞에서 내게 들은 바를 충성된 사람들에게 부탁하라 그들이 또 다른 사람들을 가르칠 수 있으리라

섬김과 나눔을 실천하는 교회

4) 교회는 섬김과 나눔을 실천하는 공동체입니다. 예수님이 하늘 보좌를 버리고 이 땅에 오셨듯이 예수님의 제자로 훈련받은 교회는 세상으로 나아가야 합니다. 교회는 세상에서 어떤 역할을 감당해야 합니까? (마 5:16, 25:40; 약 1:27)

마 5:16 _ 이같이 너희 빛이 사람 앞에 비치게 하여 그들로 너희 착한 행실을 보고 하늘에 계신 너희 아버지께 영광을 돌리게 하라

마 25:40 _ 임금이 대답하여 이르시되 내가 진실로 너희에게 이르노니 너희가 여기 내 형제 중에 지극히 작은 자 하나에게 한 것이 곧 내게 한 것이니라 하시고

약 1:27 _ 하나님 아버지 앞에서 정결하고 더러움이 없는 경건은 곧 고아와 과부를 그 환난중에 돌보고 또 자기를 지켜 세속에 물들지 아니하는 그것이니라

다음세대를 준비하는 교회

5) 교회는 다음세대를 준비하는 공동체입니다. 교회의 사명과 사역이 다음세대로 이어지지 않으면 예수님의 비전을 완성하지 못합니다. 그러므로 교회는 반드시 이 비전을 다음세대에 전수하는 일에 힘을 쏟아야 합니다. 이를 위해 어떻게 해야 합니까? (롬 12:2; 딤후 1:5, 3:15)

롬 12:2 _ 너희는 이 세대를 본받지 말고 오직 마음을 새롭게 함으로 변화를 받아 하나님의 선하시고 기뻐하시고 온전하신 뜻이 무엇인지 분별하도록 하라

딤후 1:5 _ 이는 네 속에 거짓이 없는 믿음이 있음을 생각함이라 이 믿음은 먼저 네 외조모 로이스와 네 어머니 유니게 속에 있더니 네 속에도 있는 줄을 확신하노라

딤후 3:15 _ 또 어려서부터 성경을 알았나니 성경은 능히 너로 하여금 그리스도 예수 안에 있는 믿음으로 말미암아 구원에 이르는 지혜가 있게 하느니라

3 교회와 하나님 나라

하나님은 교회를 통해 하나님 나라를 완성하십니다. 하지만 우리는 때로 불완전한 교회의 모습에 실망하기도 합니다. 이 땅의 교회는 여전히 미완성의 상태에서 완성을 향해 함께 나아가고 있기 때문입니다. 그러므로 부족하다고 좌절할 필요도, 연약하다고 교회를 떠날 이유도 없습니다. 부족하고 연약하기 때문에 교회는 머리 되신 예수 그리스도를 더욱 의지해야 합니다. 예수님이 이미 승리하셨고, 교회를 완전하게 하실 분도 오직 예수님이시기 때문입니다.

전투하는 교회

1) 예수님의 비전을 이루어 가는 교회는 세상의 공격을 받지만 결국 세상을 유익하게 합니다. 이 땅에 존재하는 교회는 세상에서 미움을 받습니다. 또 이 땅에서 싸움을 감당해야 합니다. 성경은 이를 어떻게 가르칩니까? (요 15:18, 17:14; 엡 6:12)

요 15:18 _ 세상이 너희를 미워하면 너희보다 먼저 나를 미워한 줄을 알라

요 17:14 _ 내가 아버지의 말씀을 그들에게 주었사오매 세상이 그들을 미워하였사오니 이는 내가 세상에 속하지 아니함 같이 그들도 세상에 속하지 아니함으로 인함이니이다

엡 6:12 _ 우리의 씨름은 혈과 육을 상대하는 것이 아니요 통치자들과 권세들과 이 어둠의 세상 주관자들과 하늘에 있는 악의 영들을 상대함이라

승리하는 교회

2) 교회는 세상에서 하나님 나라를 보여 주고 완성해 갈 공동체입니다. 어둠의 권세는 교회를 무너뜨리려 하고, 세상은 거세게 성도를 공격하지만, 교회는 결국 승리합니다. 성도인 우리는 어떻게 교회의 승리를 확신합니까? (골 2:15; 요일 4:4; 계 17:14)

골 2:15 _ 통치자들과 권세들을 무력화하여 드러내어 구경거리로 삼으시고 십자가로 그들을 이기셨느니라

요일 4:4 _ 자녀들아 너희는 하나님께 속하였고 또 그들을 이기었나니 이는 너희 안에 계신 이가 세상에 있는 자보다 크심이라

계 17:14 _ 그들이 어린 양과 더불어 싸우려니와 어린 양은 만주의 주시요 만왕의 왕이시므로 그들을 이기실 터이요 또 그와 함께 있는 자들 곧 부르심을 받고 택하심을 받은 진실한 자들도 이기리로다

재림을 준비하는 교회

3) 마지막 때를 살아가는 교회는 하나님 나라를 보여 주는 모형입니다. 예수 그리스도로 말미암아 승리가 보장되어 있지만, 끝까지 믿음으로 이 싸움을 감당해야 합니다. 마지막 때를 살아가는 교회에 주님은 무엇을 명령하십니까? (벧전 4:7-8; 히 10:24-25; 계 16:15)

벧전 4:7-8 _ 7 만물의 마지막이 가까이 왔으니 그러므로 너희는 정신을 차리고 근신하여 기도하라 8 무엇보다도 뜨겁게 서로 사랑할지니 사랑은 허다한 죄를 덮느니라

히 10:24-25 _ 24 서로 돌아보아 사랑과 선행을 격려하며 25 모이기를 폐하는 어떤 사람들의 습관과 같이 하지 말고 오직 권하여 그 날이 가까움을 볼 수 있도록 더욱 그리하자

계 16:15 _ 보라 내가 도둑 같이 오리니 누구든지 깨어 자기 옷을 지켜 벌거벗고 다니지 아니하며 자기의 부끄러움을 보이지 아니하는 자는 복이 있도다

> 교회에 다니는 사람들은 불 속의 석탄과 같다. 함께 있을 때는 불꽃이 계속 타오른다. 그러나 하나씩 따로 떨어지면 곧 소멸해 버린다. _존 웨슬리

🙏 새로운 여정을 향해

1. 이번 과에서 교회에 대해 새롭게 깨닫거나 생각하게 된 점을 나누어 봅시다.

2. 지상 교회는 연약하고 부족하지만, 여전히 지어지는 과정에 있습니다. 이를 생각할 때 교회를 사랑하며 품고 기도해야 할 부분은 무엇입니까?

3. 교회는 예수님의 비전을 품고 성취하는 공동체입니다. 현재 예수님의 비전에 어떻게 동참하고 있는지 나누어 봅시다.

과제 준비하기

성경 암송 ☐

벧전 4:8 _ 무엇보다도 뜨겁게 서로 사랑할지니 사랑은 허다한 죄를 덮느니라

요일 3:18 _ 자녀들아 우리가 말과 혀로만 사랑하지 말고 행함과 진실함으로 하자

큐티 나눔 ☐   **성경 통독** ☐

memo

"이렇게 서로 사랑하라"

하나님이 세상을 이처럼 사랑하사 독생자를 주셨다.
당신은 사랑하는 이를 위해 무엇을 주었는가?

열네 번째 동행 **사랑**

♪ 은혜의 찬양 270장 | 다 표현 못해도

예수님은 세상 가운데서 성도들을 부르셨습니다. 성경은 예수님과 교회의 관계를 몸이나 건물에 비유하기도 합니다. 이처럼 예수님과 교회는 떼려야 뗄 수 없는 긴밀하고 친밀한 관계를 이루고 있습니다. 그리스도의 몸 된 교회가 하나님을 예배하며, 하나님 나라를 완성할 것입니다. 세상 가운데서 교회가 하나님의 능력을 나타낼 때 어둠의 권세들과 세상 주관자들의 반대나 핍박을 경험하지만, 교회는 결국 승리할 것입니다.

교회가 세상을 이기는 힘은 사랑입니다. 예수님이 사랑으로 어둠의 권세를 이기셨기 때문입니다. 우리의 구원 역시 원수 된 인간을 향한 하나님의 사랑에서 시작합니다. 하나님의 이 사랑은 절대 변하지 않습니다. 또한 자신의 생명까지 내어 줍니다. 이 사랑을 경험할 때 사랑할 수 없는 사람을 사랑하게 되고, 용서할 수 없는 사람을 용서하게 됩니다. 오직 하나님께 속한 사람이어야 이 사랑을 할 수 있습니다. 사랑은 하나님이 주신 최고의 능력입니다.

지난 여정 나누기

1. 지난 한 주 동안 교회를 더 사랑하기 위해 실천한 일이 있습니까? 나를 교회로 부르시고 세우신 하나님의 뜻과 목적을 나누어 봅시다.

2. 사랑이라는 단어를 생각할 때 가장 먼저 떠오르는 사람이나 이미지가 있습니까? 그 사람이나 이미지가 떠오른 이유를 나누어 봅시다.

과제 점검하기

성경 암송 ☐

벧전 4:8 _ 무엇보다도 뜨겁게 서로 사랑할지니 사랑은 허다한 죄를 덮느니라
요일 3:18 _ 자녀들아 우리가 말과 혀로만 사랑하지 말고 행함과 진실함으로 하자

큐티 나눔 ☐   성경 통독 ☐

이렇게 서로 사랑하라

베드로전서 4:9-11

9 서로 대접하기를 원망 없이 하고 10 각각 은사를 받은 대로 하나님의 여러 가지 은혜를 맡은 선한 청지기 같이 서로 봉사하라 11 만일 누가 말하려면 하나님의 말씀을 하는 것 같이 하고 누가 봉사하려면 하나님이 공급하시는 힘으로 하는 것 같이 하라 이는 범사에 예수 그리스도로 말미암아 하나님이 영광을 받으시게 하려 함이니 그에게 영광과 권능이 세세에 무궁하도록 있느니라 아멘

묵상 질문

1. 성경 시대에는 나그네를 대접하는 것이 중요했습니다. 그 이유는 무엇입니까? (마 25:35; 딤전 3:2; 롬 12:13)

2. 하나님이 우리에게 다양한 은사를 주신 이유는 무엇입니까? (10절) 선한 청지기란 어떤 사람입니까?

3. 봉사는 하나님이 공급하시는 힘으로 해야 합니다(11b절). 그렇다면 하나님이 공급하시는 힘은 무엇이며, 이 힘을 얻으려면 어떻게 해야 합니까?

1 율법의 완성 – 사랑

하나님은 이스라엘 백성을 출애굽 시키신 후 시내산에서 율법을 주셨습니다. 하나님이 율법을 주신 이유는 이스라엘을 사랑하셨기 때문이며, 그들이 하나님의 백성답게 살기 원하셨기 때문입니다. 하지만 오랫동안 이스라엘 백성은 율법의 형식만 남겨 놓고, 이에 담긴 본래 의도와 목적을 잃어버렸습니다. 그들은 자신들을 구원한 하나님의 사랑을 잊어버렸습니다. 오늘날도 마찬가지입니다. 많은 그리스도인이 신앙생활을 오래 하다가 구원의 감격을 잃어버리고 형식만 남은 종교인으로 살아갑니다. 성도는 이런 신앙생활을 경계해야 합니다.

하나님은 사랑이시다

1) 성경은 "하나님은 사랑이시라"(요일 4:16)라고 선포합니다. 이 말씀은 성경에서 어떻게 드러납니까? (창 2:8; 요 3:16; 롬 5:8; 요일 4:8-9)

창 2:8 _ 여호와 하나님이 동방의 에덴에 동산을 창설하시고 그 지으신 사람을 거기 두시니라

요 3:16 _ 하나님이 세상을 이처럼 사랑하사 독생자를 주셨으니 이는 그를 믿는 자마다 멸망하지 않고 영생을 얻게 하려 하심이라

롬 5:8 _ 우리가 아직 죄인 되었을 때에 그리스도께서 우리를 위하여 죽으심으로 하나님께서 우리에 대한 자기의 사랑을 확증하셨느니라

요일 4:8-9 _ 8 사랑하지 아니하는 자는 하나님을 알지 못하나니 이는 하나님은 사랑이심이라 9 하나님의 사랑이 우리에게 이렇게 나타난 바 되었으니 하나님이 자기의 독생자를 세상에 보내심은 그로 말미암아 우리를 살리려 하심이라

율법의 정신 – 사랑

2) 하나님은 이스라엘 백성에게 율법을 주셨습니다. 이스라엘 백성은 율법을 '하라', '하지 말라'라는 명령으로만 이해했습니다. 하지만 예수님은 율법을 어떻게 설명하셨습니까? (마 7:12, 22:37-40; 롬 13:8)

마 7:12 _ 그러므로 무엇이든지 남에게 대접을 받고자 하는 대로 너희도 남을 대접하라 이것이 율법이요 선지자니라

마 22:37-40 _ 37 예수께서 이르시되 네 마음을 다하고 목숨을 다하고 뜻을 다하여 주 너의 하나님을 사랑하라 하셨으니 38 이것이 크고 첫째 되는 계명이요 39 둘째도 그와 같으니 네 이웃을 네 자신 같이 사랑하라 하셨으니 40 이 두 계명이 온 율법과 선지자의 강령이니라

롬 13:8 _ 피차 사랑의 빚 외에는 아무에게든지 아무 빚도 지지 말라 남을 사랑하는 자는 율법을 다 이루었느니라

예수님이 주신 새 계명 – 사랑

3) 예수님은 율법을 폐하러 오신 것이 아니라 완성하러 오셨습니다. 율법의 완성자이신 예수님이 주신 새 계명은 무엇입니까? (마 5:17; 요 13:34; 요일 3:23)

마 5:17 _ 내가 율법이나 선지자를 폐하러 온 줄로 생각하지 말라 폐하러 온 것이 아니요 완전하게 하려 함이라

요 13:34 _ 새 계명을 너희에게 주노니 서로 사랑하라 내가 너희를 사랑한 것 같이 너희도 서로 사랑하라

요일 3:23 _ 그의 계명은 이것이니 곧 그 아들 예수 그리스도의 이름을 믿고 그가 우리에게 주신 계명대로 서로 사랑할 것이니라

당신은 우연이 아니다. 당신은 대량 생산된 존재가 아니다. 당신은 공장에서 일괄적으로 조립된 제품이 아니다. 당신은 최고의 장인이신 하나님이 의도적으로 계획하시고, 특별히 은사를 주시며, 사랑으로 이 땅에 두신 존재이다. _맥스 루케이도

2 사랑은 동행이다 – 하나님 사랑, 이웃 사랑

하나님은 독생자 예수님을 우리 가운데 보내심으로 자신의 사랑을 보여 주셨습니다. 하나님의 사랑을 받은 자는 그분을 사랑하게 됩니다. 하나님을 향한 사랑은 말과 혀가 아니라 행함과 순종으로 하는 것입니다. 그분을 향한 우리의 사랑 또한 이웃을 향한 사랑으로 나타납니다. 하나님의 사랑으로 이웃을 섬길 때 성도는 예수님과 동행하는 삶을 살게 됩니다.

하나님을 사랑하는 것 – 거룩

1) 에녹은 하나님을 사랑해서 그분과 동행했습니다. 하나님과 동행하는 성
도에게 하나님은 무엇을 요구하십니까? (레 11:45; 사 59:2; 벧전 1:15)

레 11:45 _ 나는 너희의 하나님이 되려고 너희를 애굽 땅에서 인도하여 낸 여호와라
내가 거룩하니 너희도 거룩할지어다

사 59:2 _ 오직 너희 죄악이 너희와 너희 하나님 사이를 갈라 놓았고 너희 죄가 그의
얼굴을 가리어서 너희에게서 듣지 않으시게 함이니라

벧전 1:15 _ 오직 너희를 부르신 거룩한 이처럼 너희도 모든 행실에 거룩한 자가 되라

하나님 사랑 – 예배 / 사랑의 방해 요소

2) 하나님을 향한 사랑은 예배로 드러납니다. 하나님은 성도의 삶이 그
분이 기뻐하시는 영적 예배가 되기를 원하십니다. 지금 하나님께 어떻
게 예배드리고 있습니까? 내 삶에서 예배를 방해하는 요소는 무엇입
니까? (롬 12:1; 마 6:25; 딤전 6:10)

롬 12:1 _ 그러므로 형제들아 내가 하나님의 모든 자비하심으로 너희를 권하노니 너
희 몸을 하나님이 기뻐하시는 거룩한 산 제물로 드리라 이는 너희가 드릴 영적 예
배니라

마 6:25 _ 그러므로 내가 너희에게 이르노니 목숨을 위하여 무엇을 먹을까 무엇을
마실까 몸을 위하여 무엇을 입을까 염려하지 말라 목숨이 음식보다 중하지 아니하
며 몸이 의복보다 중하지 아니하냐

딤전 6:10 _ 돈을 사랑함이 일만 악의 뿌리가 되나니 이것을 탐내는 자들은 미혹을 받아 믿음에서 떠나 많은 근심으로써 자기를 찔렀도다

이웃 사랑 – 희생과 대가

3) 하나님을 사랑하면 그분과 동행하게 됩니다. 하나님과 동행하면 이웃을 사랑하며 섬기게 됩니다. 하나님 사랑과 이웃 사랑은 이렇게 연결되어 있습니다. 그러나 이웃 사랑은 절대 쉽지 않습니다. 대가가 있기 때문입니다. 그것은 무엇입니까? (요 12:24, 15:13; 요일 4:20-21)

요 12:24 _ 내가 진실로 진실로 너희에게 이르노니 한 알의 밀이 땅에 떨어져 죽지 아니하면 한 알 그대로 있고 죽으면 많은 열매를 맺느니라

요 15:13 _ 사람이 친구를 위하여 자기 목숨을 버리면 이보다 더 큰 사랑이 없나니

요일 4:20-21 _ 20 누구든지 하나님을 사랑하노라 하고 그 형제를 미워하면 이는 거짓말하는 자니 보는 바 그 형제를 사랑하지 아니하는 자는 보지 못하는 바 하나님을 사랑할 수 없느니라 21 우리가 이 계명을 주께 받았나니 하나님을 사랑하는 자는 또한 그 형제를 사랑할지니라

이웃 사랑 – 화목의 직분

4) 예수님은 우리와 하나님 사이의 중보자가 되셔서 우리를 하나님과 화목하게 하셨습니다. 하나님과 화목하게 된 성도에게 예수님은 어떤 삶을 요구하십니까? (롬 5:10; 고후 5:18; 살전 5:13)

롬 5:10 _ 곧 우리가 원수 되었을 때에 그의 아들의 죽으심으로 말미암아 하나님과 화목하게 되었은즉 화목하게 된 자로서는 더욱 그의 살아나심으로 말미암아 구원을 받을 것이니라

고후 5:18 _ 모든 것이 하나님께로서 났으며 그가 그리스도로 말미암아 우리를 자기와 화목하게 하시고 또 우리에게 화목하게 하는 직분을 주셨으니

살전 5:13 _ 그들의 역사로 말미암아 사랑 안에서 가장 귀히 여기며 너희끼리 화목하라

3 성도의 가장 큰 무기 – 사랑

"서로 사랑하라"라고 말씀하신 예수님의 새 계명은 때로는 부담으로 다가옵니다. 그러나 사랑은 성도의 가장 큰 능력입니다. 사탄의 견고한 진을 파하고 하나님 나라를 완성하는 최고의 무기가 바로 사랑입니다. 세상의 왕들은 강력한 무기와 군사력을 앞세워 다른 나라를 굴복시키지만, 하나님 나라는 그렇지 않습니다. 하나님 나라는 사랑으로 승리합니다. 예수님은 사랑으로 죽기까지 복종하시고, 우리를 구원하셨습니다. 예수님은 사랑으로 하나님 나라를 다스리시고, 완성해 가십니다. 그러므로 성도의 가장 큰 무기 역시 사랑입니다.

사랑은 용서하는 것

1) 하나님은 그리스도인이 이웃을 귀히 여기며 사랑하고 화목하기를 원하십니다. 사랑은 입으로가 아니라 행함과 진실함으로 해야 합니다. 성경에서는 사랑을 어떻게 실천하라고 말씀합니까? (요일 3:18; 마 6:14; 눅 17:4; 골 3:12-13)

요일 3:18 _ 자녀들아 우리가 말과 혀로만 사랑하지 말고 행함과 진실함으로 하자

마 6:14 _ 너희가 사람의 잘못을 용서하면 너희 하늘 아버지께서도 너희 잘못을 용서하시려니와

눅 17:4 _ 만일 하루에 일곱 번이라도 네게 죄를 짓고 일곱 번 네게 돌아와 내가 회개하노라 하거든 너는 용서하라 하시더라

골 3:12-13 _ 12 그러므로 너희는 하나님이 택하사 거룩하고 사랑 받는 자처럼 긍휼과 자비와 겸손과 온유와 오래 참음을 옷 입고 13 누가 누구에게 불만이 있거든 서로 용납하여 피차 용서하되 주께서 너희를 용서하신 것 같이 너희도 그리하고

사랑은 인내하는 것

2) 우리는 누군가를 용납하고 용서할 때, 하나님이 원하시는 화목의 직분을 감당하게 됩니다. 그리스도인의 사랑은 어떤 모습으로 드러나야 합니까? (마 10:22; 롬 12:19; 약 1:2-4)

마 10:22 _ 또 너희가 내 이름으로 말미암아 모든 사람에게 미움을 받을 것이나 끝까지 견디는 자는 구원을 얻으리라

롬 12:19 _ 내 사랑하는 자들아 너희가 친히 원수를 갚지 말고 하나님의 진노하심에 맡기라 기록되었으되 원수 갚는 것이 내게 있으니 내가 갚으리라고 주께서 말씀하시니라

약 1:2-4 _ 2 내 형제들아 너희가 여러 가지 시험을 당하거든 온전히 기쁘게 여기라 3 이는 너희 믿음의 시련이 인내를 만들어 내는 줄 너희가 앎이라 4 인내를 온전히 이루라 이는 너희로 온전하고 구비하여 조금도 부족함이 없게 하려 함이라

3) 하나님 나라는 사랑의 나라입니다. 하나님 나라가 최종적으로 임하면 결국 사랑만 남습니다(고전 13:8). 그러므로 성도가 이 세상에서 하나님 나라를 경험하려면 하나님과 이웃을 사랑해야 합니다. 사랑이 성도의 무기이자 능력이기 때문입니다. 성도가 하나님 나라를 맛볼 수 있는 사랑의 방법은 무엇입니까? (롬 12:20-21; 마 5:43-44; 벧전 4:8)

고전 13:8 _ 사랑은 언제까지나 떨어지지 아니하되 예언도 폐하고 방언도 그치고 지식도 폐하리라

마 5:43-44 _ 43 또 네 이웃을 사랑하고 네 원수를 미워하라 하였다는 것을 너희가 들었으나 44 나는 너희에게 이르노니 너희 원수를 사랑하며 너희를 박해하는 자를 위하여 기도하라

롬 12:20-21 _ 20 네 원수가 주리거든 먹이고 목마르거든 마시게 하라 그리함으로 네가 숯불을 그 머리에 쌓아 놓으리라 21 악에게 지지 말고 선으로 악을 이기라

벧전 4:8 _ 무엇보다도 뜨겁게 서로 사랑할지니 사랑은 허다한 죄를 덮느니라

참된 사랑은 어떤 희생을 치르더라도 사랑하는 대상의 필요를 채워 주려고 한다. _팀 켈러

1. 예수님은 베드로에게 이같이 물으셨습니다. "요한의 아들 시몬아 네가 이 사람들보다 나를 더 사랑하느냐"(요 21:15). 오늘 나에게 예수님이 동일한 질문을 하신다면 어떻게 대답하겠습니까? 혹시 예수님보다 더 사랑하는 것이 있습니까?

2. 사랑하면 동행하게 됩니다. 하나님과 이웃과 동행하기 위해 어떤 노력을 하고 있는지 나누어 봅시다.

3. 예수님은 사랑으로 하나님과 우리의 관계를 화목하게 하셨습니다. 화목의 직분을 감당해야 할 관계와 영역을 나누어 봅시다.

 **과제 준비하기**

성경 암송 ☐

마 6:33 _ 그런즉 너희는 먼저 그의 나라와 그의 의를 구하라 그리하면 이 모든 것을 너희에게 더하시리라

막 1:15 _ 이르시되 때가 찼고 하나님의 나라가 가까이 왔으니 회개하고 복음을 믿으라 하시더라

큐티 나눔 ☐　　　　**성경 통독** ☐

"하나님 나라를 경험하라! 사모하라!"

하나님의 나라가 우리에게 임하였다.
당신의 삶에 하나님의 나라가 있는가?

열다섯 번째 동행 하나님 나라

 🎵 은혜의 찬양 289장 | 세상 모든 민족이

하나님이 세상을 사랑하셨습니다. 그 증거는 바로 독생자 예수님입니다. 하나님의 사랑을 받은 그리스도인은 하나님을 따라 사랑하게 됩니다. 그리스도인은 세상 방식이 아니라 하늘 방식으로 사랑하며 살아갑니다. 하나님의 사람으로서 하늘 방식으로 세상을 살다 보면, 때때로 손해를 보고 고난을 받을 수도 있습니다. 하지만 사랑의 능력으로 세상을 이기면, 승리하는 인생을 삽니다. 성도는 결국 사랑으로 이 땅에 하나님 나라를 완성할 것입니다.

하나님 나라는 예수님의 초림으로 '이미' 우리에게 도래했지만, '아직' 완성되지 않았습니다. 예수님은 승천하실 때 제자들에게 다시 오겠다고 약속하셨습니다. 그리고 주님이 다시 오시는 그날은 세상이 종말을 고하는 날이자 하나님 나라가 완성되는 날입니다. 이미 예수님이 말씀하신 종말의 징조는 우리 주변에서 쉽게 찾아볼 수 있습니다. 예수님은 약속대로 재림하실 것입니다. 그날에 만물이 회복되고 성도는 영광스러운 모습으로 부활할 것입니다.

1. 사랑은 성도의 능력입니다. 한 주 동안 사랑하며 살기 위해 어떤 노력을
   했습니까? 예수님의 사랑을 실천하려고 누군가를 용납하고 인내한 경험
   에 있다면 함께 나누어 봅시다.

2. 예수님의 재림을 생각해 본 적이 있습니까? 만약 예수님이 오늘 다시 오
   신다면 나는 어떤 반응을 보일 것 같습니까?

과제 점검하기

성경 암송 ☐

마 6:33 _ 그런즉 너희는 먼저 그의 나라와 그의 의를 구하라 그리하면 이 모
든 것을 너희에게 더하시리라

막 1:15 _ 이르시되 때가 찼고 하나님의 나라가 가까이 왔으니 회개하고 복음
을 믿으라 하시더라

큐티 나눔 ☐   성경 통독 ☐

 **말씀 산책**

천국을 경험하라! 사모하라!

골로새서 1:13-14

13 그가 우리를 흑암의 권세에서 건져내사 그의 사랑의 아들의 나라로 옮기셨으니
14 그 아들 안에서 우리가 속량 곧 죄 사함을 얻었도다

묵상 질문

1. 이론 물리학자 고(故) 스티븐 호킹 박사는 "내세는 존재하지 않는다"라고
   말했고, 신경외과 의사이자 『나는 천국을 보았다』(김영사, 2013)의 저자
   인 이븐 알렉산더는 체험을 근거로 "죽음은 끝이 아니라 새로운 영적 세계
   의 시작이다"라고 말했습니다. 그렇다면 나의 생각은 어떻습니까?

2. 하나님은 우리를 구원하사 '어디'에서 '어디'로 옮기셨습니까? (13절)

3. 성도가 지금 이 세상에서 하나님 나라를 누리며 살아야 하는 이유는 무엇입니까? (13b절, 마 12:28; 눅 17:21)

4. 이 땅에서 실제로 하나님 나라를 누리며 사는 방법은 무엇입니까? 각자의 생각을 나누어 봅시다.

예수님과 하나님 나라

예수님은 인간의 몸을 입고 이 땅에 오셨습니다. 이 사건이 왜 중요합니까? 하나님 나라가 이 땅에 도래한 사건이기 때문입니다. 예수님이 오신 사건은 하나님이 우리와 함께하시는, 다시 말해 임마누엘 사건입니다. 예수님은 공생애를 시작하며 이렇게 선포하셨습니다. "하나님의 나라가 가까이 왔다." 예수님의 탄생과 사역은 하나님 나라의 도래를 의미합니다. 예수님이 부활하고 승천하실 때 제자들에게 주신 사명은 하나님 나라의 확장이었습니다. 성령이 강림하신 이후 하나님의 나라는 교회를 통해 폭발적으로 성장하게 됩니다. 하나님 나라는 예수님의 초림으로 이 땅에 '이미' 임했지만, '아직' 완성되지 않았습니다. 하나님 나라는 예수님이 재림하실 때 최종적으로 완성됩니다.

예수님의 초림

1) 예수님의 탄생은 하나님 나라의 도래를 의미합니다. 예수님이 공생애 사역을 시작하면서 선포하신 말씀은 무엇입니까? 예수님이 공생애 기간에 감당하신 사역은 무엇입니까? (마 1:23; 막 1:15; 눅 9:11)

마 1:23 _ 보라 처녀가 잉태하여 아들을 낳을 것이요 그의 이름은 임마누엘이라 하리라 하셨으니 이를 번역한즉 하나님이 우리와 함께 계시다 함이라

막 1:15 _ 이르시되 때가 찼고 하나님의 나라가 가까이 왔으니 회개하고 복음을 믿으라 하시더라

눅 9:11 _ 무리가 알고 따라왔거늘 예수께서 그들을 영접하사 하나님 나라의 일을 이야기하시며 병 고칠 자들은 고치시더라

예수님의 부활, 승천

2) 예수님은 십자가에서 죽으시고 부활하셨습니다. 예수님은 부활하신 이후에 제자들과 함께 지내시며 어떤 일을 하셨습니까? 또한 승천하시며 제자들에게 어떤 사명과 약속을 주셨습니까? (행 1:3; 마 28:18-20; 행 1:11)

행 1:3 _ 그가 고난 받으신 후에 또한 그들에게 확실한 많은 증거로 친히 살아 계심을 나타내사 사십 일 동안 그들에게 보이시며 하나님 나라의 일을 말씀하시니라

마 28:18-20 _ 18 예수께서 나아와 말씀하여 이르시되 하늘과 땅의 모든 권세를 내게 주셨으니 19 그러므로 너희는 가서 모든 민족을 제자로 삼아 아버지와 아들과 성령의 이름으로 세례를 베풀고 20 내가 너희에게 분부한 모든 것을 가르쳐 지키게 하라 볼지어다 내가 세상 끝날까지 너희와 항상 함께 있으리라 하시니라

행 1:11 _ 이르되 갈릴리 사람들아 어찌하여 서서 하늘을 쳐다보느냐 너희 가운데서 하늘로 올려지신 이 예수는 하늘로 가심을 본 그대로 오시리라 하였느니라

예수님의 재림

3) 성경은 예수님이 다시 오시는 날에 어떤 사건이 일어난다고 가르칩니까? (살전 4:16-17; 계 21:1, 22:3-5)

살전4:16-17 _ 16 주께서 호령과 천사장의 소리와 하나님의 나팔 소리로 친히 하늘로부터 강림하시리니 그리스도 안에서 죽은 자들이 먼저 일어나고 17 그 후에 우리 살아 남은 자들도 그들과 함께 구름 속으로 끌어 올려 공중에서 주를 영접하게 하시리니 그리하여 우리가 항상 주와 함께 있으리라

계 21:1 _ 또 내가 새 하늘과 새 땅을 보니 처음 하늘과 처음 땅이 없어졌고 바다도 다시 있지 않더라

계 22:3-5 _ 3 다시 저주가 없으며 하나님과 그 어린 양의 보좌가 그 가운데에 있으리니 그의 종들이 그를 섬기며 4 그의 얼굴을 볼 터이요 그의 이름도 그들의 이마에 있으리라 5 다시 밤이 없겠고 등불과 햇빛이 쓸 데 없으니 이는 주 하나님이 그들에게 비치심이라 그들이 세세토록 왕 노릇 하리로다

그리스도의 오심은 숨을 쉬는 것처럼 자연스러운 일이다.

_ 오스왈드 챔버스

2 천국에 대한 가르침

성경은 예수님의 재림을 반복해서 가르칩니다. 예수님이 재림하시는 날에 하나님 나라가 완성됩니다. 예수님은 하나님 나라와 하나님 나라의 완성인 종말을 여러 차례 가르치셨습니다. 예수님은 공생애 기간 동안 주로 비유로 하나님 나라를 가르치셨습니다. 하나님 나라는 감추인 비밀이기 때문입니다(마 13:10-17).

천국 비유에 나타난 하나님 나라의 특징

1) 예수님은 하나님 나라를 비유로 가르치셨습니다. 천국 비유를 살펴보며 그 나라의 특징을 나누어 봅시다.

    (1) 씨 뿌리는 비유 (마 13:1-9, 18-23)

    _____

    _____

    _____

마 13:1-9 _ 1 그 날 예수께서 집에서 나가사 바닷가에 앉으시매 2 큰 무리가 그에게로 모여 들거늘 예수께서 배에 올라가 앉으시고 온 무리는 해변에 서 있더니 3 예수께서 비유로 여러 가지를 그들에게 말씀하여 이르시되 씨를 뿌리는 자가 뿌리러 나가서 4 뿌릴새 더러는 길 가에 떨어지매 새들이 와서 먹어버렸고 5 더러는 흙이 얕은 돌밭에 떨어지매 흙이 깊지 아니하므로 곧 싹이 나오나 6 해가 돋은 후에 타서 뿌리가 없으므로 말랐고 7 더러는 가시떨기 위에 떨어지매 가시가 자라서 기운을 막았고 8 더러는 좋은 땅에 떨어지매 어떤 것은 백 배, 어떤 것은 육십 배, 어떤 것은 삼십 배의 결실을 하였느니라 9 귀 있는 자는 들으라 하시니라

마 13:18-23 _ 18 그런즉 씨 뿌리는 비유를 들으라 19 아무나 천국 말씀을 듣고 깨닫지 못할 때는 악한 자가 와서 그 마음에 뿌려진 것을 빼앗나니 이는 곧 길 가에 뿌려진 자요 20 돌밭에 뿌려졌다는 것은 말씀을 듣고 즉시 기쁨으로 받되 21 그 속에 뿌리가 없어 잠시 견디다가 말씀으로 말미암아 환난이나 박해가 일어날 때에는 곧 넘어지는 자요 22 가시떨기에 뿌려졌다는 것은 말씀을 들으나 세상의 염려와 재물

의 유혹에 말씀이 막혀 결실하지 못하는 자요 23 좋은 땅에 뿌려졌다는 것은 말씀을 듣고 깨닫는 자니 결실하여 어떤 것은 백 배, 어떤 것은 육십 배, 어떤 것은 삼십배가 되느니라 하시더라

(2) 알곡과 가라지 비유 (마 13:36-43)

마 13:36-43 _ 36 이에 예수께서 무리를 떠나사 집에 들어가시니 제자들이 나아와 이르되 밭의 가라지의 비유를 우리에게 설명하여 주소서 37 대답하여 이르시되 좋은 씨를 뿌리는 이는 인자요 38 밭은 세상이요 좋은 씨는 천국의 아들들이요 가라지는 악한 자의 아들들이요 39 가라지를 뿌린 원수는 마귀요 추수 때는 세상 끝이요 추수꾼은 천사들이니 40 그런즉 가라지를 거두어 불에 사르는 것 같이 세상 끝에도 그러하리라 41 인자가 그 천사들을 보내리니 그들이 그 나라에서 모든 넘어지게 하는 것과 또 불법을 행하는 자들을 거두어 내어 42 풀무 불에 던져 넣으리니 거기서 울며 이를 갈게 되리라 43 그 때에 의인들은 자기 아버지 나라에서 해와 같이 빛나리라 귀 있는 자는 들으라

(3) 열 처녀 비유 (마 25:1-13)

마 25:1-13 _ 1 그 때에 천국은 마치 등을 들고 신랑을 맞으러 나간 열 처녀와 같다 하리니 2 그 중의 다섯은 미련하고 다섯은 슬기 있는 자라 3 미련한 자들은 등을 가지되 기름을 가지지 아니하고 4 슬기 있는 자들은 그릇에 기름을 담아 등과 함께 가져갔더니 5 신랑이 더디 오므로 다 졸며 잘새 6 밤중에 소리가 나되 보라 신랑이로다 맞으러 나오라 하매 7 이에 그 처녀들이 다 일어나 등을 준비할새 8 미련한 자들이 슬기 있는 자들에게 이르되 우리 등불이 꺼져가니 너희 기름을 좀 나눠 달라 하거늘 9 슬기 있는 자들이 대답하여 이르되 우리와 너희가 쓰기에 다 부족할까 하노니 차라리 파는 자들에게 가서 너희 쓸 것을 사라 하니 10 그들이 사러 간 사이에 신랑이 오므로 준비하였던 자들은 함께 혼인 잔치에 들어가고 문은 닫힌지라 11 그 후에 남

은 처녀들이 와서 이르되 주여 주여 우리에게 열어 주소서 12 대답하여 이르되 진실로 너희에게 이르노니 내가 너희를 알지 못하노라 하였느니라 13 그런즉 깨어 있으라 너희는 그 날과 그 때를 알지 못하느니라

(4) 달란트 비유 (마 25:14-30; 참고. 살전 5:1-2)

마 25:14-30 _ 14 또 어떤 사람이 타국에 갈 때 그 종들을 불러 자기 소유를 맡김과 같으니 15 각각 그 재능대로 한 사람에게는 금 다섯 달란트를, 한 사람에게는 두 달란트를, 한 사람에게는 한 달란트를 주고 떠났더니 16 다섯 달란트 받은 자는 바로 가서 그것으로 장사하여 또 다섯 달란트를 남기고 17 두 달란트 받은 자도 그같이 하여 또 두 달란트를 남겼으되 18 한 달란트 받은 자는 가서 땅을 파고 그 주인의 돈을 감추어 두었더니 19 오랜 후에 그 종들의 주인이 돌아와 그들과 결산할새 20 다섯 달란트 받았던 자는 다섯 달란트를 더 가지고 와서 이르되 주인이여 내게 다섯 달란트를 주셨는데 보소서 내가 또 다섯 달란트를 남겼나이다 21 그 주인이 이르되 잘하였도다 착하고 충성된 종아 네가 적은 일에 충성하였으매 내가 많은 것을 네게 맡기리니 네 주인의 즐거움에 참여할지어다 하고 22 두 달란트 받았던 자도 와서 이르되 주인이여 내게 두 달란트를 주셨는데 보소서 내가 또 두 달란트를 남겼나이다 23 그 주인이 이르되 잘하였도다 착하고 충성된 종아 네가 적은 일에 충성하였으매 내가 많은 것을 네게 맡기리니 네 주인의 즐거움에 참여할지어다 하고 24 한 달란트 받았던 자는 와서 이르되 주인이여 당신은 굳은 사람이라 심지 않은 데서 거두고 헤치지 않은 데서 모으는 줄을 내가 알았으므로 25 두려워하여 나가서 당신의 달란트를 땅에 감추어 두었었나이다 보소서 당신의 것을 가지셨나이다 26 그 주인이 대답하여 이르되 악하고 게으른 종아 나는 심지 않은 데서 거두고 헤치지 않은 데서 모으는 줄로 네가 알았느냐 27 그러면 네가 마땅히 내 돈을 취리하는 자들에게나 맡겼다가 내가 돌아와서 내 원금과 이자를 받게 하였을 것이니라 하고 28 그에게서 그 한 달란트를 빼앗아 열 달란트 가진 자에게 주라 29 무릇 있는 자는 받아 풍족하게 되고 없는 자는 그 있는 것까지 빼앗기리라 30 이 무익한 종을 바깥 어두운 데로 내쫓으라 거기서 슬피 울며 이를 갈리라 하니라

종말의 징조

2) 예수님은 종말에 있을 징조에 대해서도 말씀하셨습니다. 이 징조들을 살펴보고, 오늘 우리 시대와 비슷한 점을 나누어 봅시다(마 24:3-14).

마 24:3-14 _ 3 예수께서 감람 산 위에 앉으셨을 때에 제자들이 조용히 와서 이르되 우리에게 이르소서 어느 때에 이런 일이 있겠사오며 또 주의 임하심과 세상 끝에는 무슨 징조가 있사오리이까 4 예수께서 대답하여 이르시되 너희가 사람의 미혹을 받지 않도록 주의하라 5 많은 사람이 내 이름으로 와서 이르되 나는 그리스도라 하여 많은 사람을 미혹하리라 6 난리와 난리 소문을 듣겠으나 너희는 삼가 두려워하지 말라 이런 일이 있어야 하되 아직 끝은 아니니라 7 민족이 민족을, 나라가 나라를 대적하여 일어나겠고 곳곳에 기근과 지진이 있으리니 8 이 모든 것은 재난의 시작이니라 9 그 때에 사람들이 너희를 환난에 넘겨 주겠으며 너희를 죽이리니 너희가 내 이름 때문에 모든 민족에게 미움을 받으리라 10 그 때에 많은 사람이 실족하게 되어 서로 잡아 주고 서로 미워하겠으며 11 거짓 선지자가 많이 일어나 많은 사람을 미혹하겠으며 12 불법이 성하므로 많은 사람의 사랑이 식어지리라 13 그러나 끝까지 견디는 자는 구원을 얻으리라 14 이 천국 복음이 모든 민족에게 증언되기 위하여 온 세상에 전파되리니 그제야 끝이 오리라

종말을 사는 성도의 자세

3) 그렇다면 마지막 때를 살아가는 성도는 어떤 삶의 자세를 가져야 합니까? (히 10:25; 약 5:7-8; 벧전 4:7; 계 16:15)

히 10:25 _ 모이기를 폐하는 어떤 사람들의 습관과 같이 하지 말고 오직 권하여 그 날이 가까움을 볼수록 더욱 그리하자

약 5:7-8 _ 7 그러므로 형제들아 주께서 강림하시기까지 길이 참으라 보라 농부가 땅에서 나는 귀한 열매를 바라고 길이 참아 이른 비와 늦은 비를 기다리나니 8 너희도 길이 참고 마음을 굳건하게 하라 주의 강림이 가까우니라

벧전 4:7 _ 만물의 마지막이 가까이 왔으니 그러므로 너희는 정신을 차리고 근신하여 기도하라

계 16:15 _ 보라 내가 도둑 같이 오리니 누구든지 깨어 자기 옷을 지켜 벌거벗고 다니지 아니하며 자기의 부끄러움을 보이지 아니하는 자는 복이 있도다

3 하나님 나라를 경험하는 삶

초대교회 성도들은 예수님의 재림으로 완성될 하나님 나라를 기대하고 소망했습니다. 그러나 성경은 하나님 나라는 '이미' 우리 안에 임했다고 가르칩니다. 성도는 삶 속에서 천국을 맛보며 그 나라의 능력을 경험할 수 있습니다. 천국의 능력을 맛보고 경험하는 그리스도인은 이 땅에서 하나님 나라를 완성해 가는 사명을 감당합니다.

하나님 나라의 현재성

1) 성도는 완성될 하나님 나라를 소망하며 그 나라를 이 땅에서도 경험해야 합니다. 그리스도인이 누리고 경험하는 하나님 나라는 무엇이며, 어떤 특징이 있습니까? (마 12:28; 롬 6:22, 14:17; 골 1:13-14)

마 12:28 _ 그러나 내가 하나님의 성령을 힘입어 귀신을 쫓아내는 것이면 하나님의 나라가 이미 너희에게 임하였느니라

롬 6:22 _ 그러나 이제는 너희가 죄로부터 해방되고 하나님께 종이 되어 거룩함에 이르는 열매를 맺었으니 그 마지막은 영생이라

롬 14:17 _ 하나님의 나라는 먹는 것과 마시는 것이 아니요 오직 성령 안에 있는 의와 평강과 희락이라

골 1:13-14 _ 13 그가 우리를 흑암의 권세에서 건져내사 그의 사랑의 아들의 나라로 옮기셨으니 14 그 아들 안에서 우리가 속량 곧 죄 사함을 얻었도다

하나님 나라를 경험하는 방법

2) 하나님 나라는 구원받아 변화된 성도의 마음에 임합니다. 하나님의 통치를 받는 삶이 곧 하나님 나라를 경험하는 삶입니다. 어떻게 이런 삶이 가능합니까? (마 5:3, 6:33; 막 1:15; 요 3:5)

마 5:3 _ 심령이 가난한 자는 복이 있나니 천국이 그들의 것임이요

마 6:33 _ 그런즉 너희는 먼저 그의 나라와 그의 의를 구하라 그리하면 이 모든 것을 너희에게 더하시리라

막 1:15 _ 이르시되 때가 찼고 하나님의 나라가 가까이 왔으니 회개하고 복음을 믿으라 하시더라

요 3:5 _ 예수께서 대답하시되 진실로 진실로 네게 이르노니 사람이 물과 성령으로 나지 아니하면 하나님의 나라에 들어갈 수 없느니라

하나님 나라의 연속성 – 예배

3) 마지막으로, 성도는 하나님을 경배하며 예배할 때 하나님 나라를 충만하게 경험합니다. 성도는 이를 통해 이 땅에서 하나님 나라를 누릴

뿐만 아니라 완성될 하나님 나라에서 계속 예배할 것입니다. 결국 하나님 나라를 사모하는 성도는 무엇에 가장 힘써야 합니까? (요 4:23; 롬 12:1; 계 4:10-11)

요 4:23 _ 아버지께 참되게 예배하는 자들은 영과 진리로 예배할 때가 오나니 곧 이때라 아버지께서는 자기에게 이렇게 예배하는 자들을 찾으시느니라

롬 12:1 _ 그러므로 형제들아 내가 하나님의 모든 자비하심으로 너희를 권하노니 너희 몸을 하나님이 기뻐하시는 거룩한 산 제물로 드리라 이는 너희가 드릴 영적 예배니라

계 4:10-11 _ 10 이십사 장로들이 보좌에 앉으신 이 앞에 엎드려 세세토록 살아 계시는 이에게 경배하고 자기의 관을 보좌 앞에 드리며 이르되 11 우리 주 하나님이여 영광과 존귀와 권능을 받으시는 것이 합당하오니 주께서 만물을 지으신지라 만물이 주의 뜻대로 있었고 또 지으심을 받았나이다 하더라

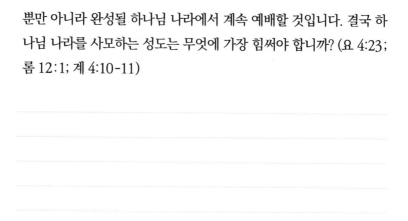

행복은 우리 안에 있지 않고, 우리 밖에 있지도 않다. 오직 하나님과 같이 있을 때에만 있다. _파스칼

새로운 여정을 향해

1. 예수님의 재림에 대한 분명한 소망이 있습니까? 혹시 그 소망이 막연하다면 무엇 때문인지 나누어 봅시다.

2. 마지막 때를 살아가는 성도는 깨어 있어야 합니다. 혼란과 미혹이 가득한 마지막 시대에 성도로서 깨어 있기 위해 할 일은 무엇입니까?

3. 현재 하나님 나라를 어떻게 경험하고 있습니까? 하나님 나라의 백성으로서 이 땅에 살면서 할 일은 무엇인지 나누어 봅시다.

1. 창조

창세기 1:27 하나님이 자기 형상 곧 하나님의 형상대로 사람을 창조하시되 남자와 여자를 창조하시고

이사야 43:21 이 백성은 내가 나를 위하여 지었나니 나를 찬송하게 하려 함이니라

2. 타락

창세기 2:17 선악을 알게 하는 나무의 열매는 먹지 말라 네가 먹는 날에는 반드시 죽으리라 하시니라

로마서 5:12 그러므로 한 사람으로 말미암아 죄가 세상에 들어오고 죄로 말미암아 사망이 들어왔나니 이와 같이 모든 사람이 죄를 지었으므로 사망이 모든 사람에게 이르렀느니라

3. 구원

요한복음 1:12 영접하는 자 곧 그 이름을 믿는 자들에게는 하나님의 자녀가 되는 권세를 주셨으니

갈라디아서 2:20 내가 그리스도와 함께 십자가에 못 박혔나니 그런즉 이제는 내가 사는 것이 아니요 오직 내 안에 그리스도께서 사시는 것이라 이제 내가 육체 가운데 사는 것은 나를 사랑하사 나를 위하여 자기 자신을 버리신 하나님의 아들을 믿는 믿음 안에서 사는 것이라

4. 구원의 확신

요한복음 10:28-29 내가 그들에게 영생을 주노니 영원히 멸망하지 아니할 것이요 또 그들을 내 손에서 빼앗을 자가 없느니라 그들을 주신 내 아버지는 만물보다 크시매 아무도 아버지 손에서 빼앗을 수 없느니라

디모데후서 4:18 주께서 나를 모든 악한 일에서 건져내시고 또 그의 천국에 들어가도록 구원하시리니 그에게 영광이 세세무궁토록 있을지어다 아멘

5. 말씀

시편 19:7-8 여호와의 율법은 완전하여 영혼을 소성시키며 여호와의 증거는 확실하여 우둔한 자를 지혜롭게 하며 여호와의 교훈은 정직하여 마음을 기쁘게 하고 여호와의 계명은 순결하여 눈을 밝게 하시도다

요한복음 20:31 오직 이것을 기록함은 너희로 예수께서 하나님의 아들 그리스도이심을 믿게 하려 함이요 또 너희로 믿고 그 이름을 힘입어 생명을 얻게 하려 함이니라

6. 기도

예레미야 33:3 너는 내게 부르짖으라 내가 네게 응답하겠고 네가 알지 못하는 크고 은밀한 일을 네게 보이리라

마태복음 7:7-8 구하라 그리하면 너희에게 주실 것이요 찾으라 그리하면 찾아낼 것이요 문을 두드리라 그리하면 너희에게 열릴 것이니 구하는 이마다 받을 것이요 찾는 이는 찾아낼 것이요 두드리는 이에게는 열릴 것이니라

7. 예배

요한복음 4:24 하나님은 영이시니 예배하는 자가 영과 진리로 예배할지니라

로마서 12:1 그러므로 형제들아 내가 하나님의 모든 자비하심으로 너희를 권하노니 너희 몸을 하나님이 기뻐하시는 거룩한 산 제물로 드리라 이는 너희가 드릴 영적 예배니라

8. 성령 충만

사도행전 1:8 오직 성령이 너희에게 임하시면 너희가 권능을 받고 예루살렘과 온 유대와 사마리아와 땅 끝까지 이르러 내 증인이 되리라 하시니라

에베소서 5:18 술 취하지 말라 이는 방탕한 것이니 오직 성령으로 충만함을 받으라

9. 전도

다니엘 12:3 지혜 있는 자는 궁창의 빛과 같이 빛날 것이요 많은 사람을 옳은 데로 돌아오게 한 자는 별과 같이 영원토록 빛나리라

사도행전 20:24 내가 달려갈 길과 주 예수께 받은 사명 곧 하나님의 은혜의 복음을 증언하는 일을 마치려 함에는 나의 생명조차 조금도 귀한 것으로 여기지 아니하노라

10. 영적 전쟁

에베소서 6:12 우리의 씨름은 혈과 육을 상대하는 것이 아니요 통치자들과 권세들과 이 어둠의 세상 주관자들과 하늘에 있는 악의 영들을 상대함이라

야고보서 4:7 그런즉 너희는 하나님께 복종할지어다 마귀를 대적하라 그리하면 너희를 피하리라

11. 고난

시편 119:71 고난 당한 것이 내게 유익이라 이로 말미암아 내가 주의 율례들을 배우게 되었나이다

베드로전서 4:13 오히려 너희가 그리스도의 고난에 참여하는 것으로 즐거워하라 이는 그의 영광을 나타내실 때에 너희로 즐거워하고 기뻐하게 하려 함이라

12. 비전

빌립보서 2:13 너희 안에서 행하시는 이는 하나님이시니 자기의 기쁘신 뜻을 위하여 너희에게 소원을 두고 행하게 하시나니

요한계시록 7:9-10 이 일 후에 내가 보니 각 나라와 족속과 백성과 방언에서 아무도 능히 셀 수 없는 큰 무리가 나와 흰 옷을 입고 손에 종려 가지를 들고 보좌 앞과 어린 양 앞에 서서 큰 소리로 외쳐 이르되 구원하심이 보좌에 앉으신 우리 하나님과 어린 양에게 있도다 하니

13. 교회

마태복음 16:18 또 내가 네게 이르노니 너는 베드로라 내가 이 반석 위에 내 교회를 세우리니 음부의 권세가 이기지 못하리라

에베소서 1:23 교회는 그의 몸이니 만물 안에서 만물을 충만하게 하시는 이의 충만함이니라

14. 사랑

베드로전서 4:8 무엇보다도 뜨겁게 서로 사랑할지니 사랑은 허다한 죄를 덮느니라

요한일서 3:18 자녀들아 우리가 말과 혀로만 사랑하지 말고 행함과 진실함으로 하자

15. 하나님 나라

마태복음 6:33 그런즉 너희는 먼저 그의 나라와 그의 의를 구하라 그리하면 이 모든 것을 너희에게 더하시리라

마가복음 1:15 이르시되 때가 찼고 하나님의 나라가 가까이 왔으니 회개하고 복음을 믿으라 하시더라